和谐校园文化建设读本

中小学 行政管理漫谈

朱宏谊/编著

吉林教育出版社

图书在版编目(CIP)数据

中小学行政管理漫谈 / 朱宏谊编著. — 长春：吉
林教育出版社，2012.6（2022.5重印）
（和谐校园文化建设读本）
ISBN 978－7－5383－8754－4

Ⅰ．①中… Ⅱ．①朱… Ⅲ．①中小学－教育行政－行
政管理 Ⅳ．①G637.2

中国版本图书馆 CIP 数据核字（2012）第 115956 号

中小学行政管理漫谈		朱宏谊　编著
策划编辑　刘 军　　潘宏竹		
责任编辑　刘桂琴	**装帧设计**　王洪义	
出版　吉林教育出版社(长春市同志街 1991 号　邮编 130021)		
发行　吉林教育出版社		
印刷　北京一鑫印务有限责任公司		
开本　710 毫米×1000 毫米　1/16　　13 印张　**字数**　165 千字		
版次　2012 年 6 月第 1 版　2022 年 5 月第 3 次印刷		
书号　ISBN 978－7－5383－8754－4		
定价　39.80 元		

编 委 会

主　　编：王世斌

执行主编：王保华

编委会成员：尹英俊　尹曾花　付晓霞

　　　　　　刘　军　刘桂琴　刘　静

　　　　　　张　瑜　庞　博　姜　磊

　　　　　　潘宏竹

　　　　　　（按姓氏笔画排序）

总　序

千秋基业，教育为本；源浚流畅，本固枝荣。

什么是校园文化？所谓"文化"是人类所创造的精神财富的总和，如文学、艺术、教育、科学等。而"校园文化"是人类所创造的一切精神财富在校园中的集中体现。"和谐校园文化建设"，贵在和谐，重在建设。

建设和谐的校园文化，就是要改变僵化死板的教学模式，要引导学生走出教室，走进自然，了解社会，感悟人生，逐步读懂人生、自然、社会这三部天书。

深化教育改革，加快教育发展，构建和谐校园文化，"路漫漫其修远兮"，奋斗正未有穷期。和谐校园文化建设的研究课题重大，意义重要，内涵丰富，是教育工作的一个永恒主题。和谐校园文化建设的实施方向正确，重点突出，是教育思想的根本转变和教育运行机制的全面更新。

我们出版的这套《和谐校园文化建设读本》，全书既有理论上的阐释，又有实践中的总结；既有学科领域的有益探索，又有教学管理方面的经验提炼；既有声情并茂的童年感悟，又有惟妙惟肖的机智幽默；既有古代哲人的至理名言，又有现代大师的谆谆教诲；既有自然科学各个领域的有趣知识，又有社会科学各个方面的启迪与感悟。笔触所及，涵盖了家庭教育、学校教育和社会教育的各个侧面以及教育教学工作的各个环节，全书立意深邃，观念新异，内容翔实，切合实际。

我们深信：广大中小学师生经过不平凡的奋斗历程，必将沐浴着时代的春风，吸吮着改革的甘露，认真地总结过去，正确地审视现在，科学地规划未来，以崭新的姿态向和谐校园文化建设的更高目标迈进。

让和谐校园文化之花灿然怒放！

本书编委会

目 录

第一讲　中小学行政管理概述

第一章　中小学行政管理的界定

一、学校管理的内涵和特性

1. 学校管理的内涵

美国教育行政专家古伯列认为："教育行政集中于三种人的工作——第一种是教室内的教师，管理学校教室内的工作；第二种是学校中的校长，主管学校的组织行政和监督事宜；第三种是教育行政机关的长官，担负许多学校的组织行政与监督职责。"由此我们可以看出，在人们的思想中往往把教育行政区分为广义和狭义两种，其中从广义上理解包括了教室行政、学校行政和政府行政，从狭义上理解就特指国家教育行政。而我们一般是从狭义的角度来理解教育行政，教育行政是作为公共服务的范畴。显然，对教育行政的理解不同，教育行政的主体承担者、客体和涉及的领域是不同的。

学校管理是按照国家法律政策规定，在遵循一定规律原则的基础上，协调学校各类事务的活动。

2. 学校管理的特性

（1）教育性。学校管理的教育性是不言而喻的，学校管理要实现教育的目的，但我们的管理实践并非如此。我国今天的教育受到来自各方面的指责。原因主要有三点：对教育的重要性的认识程度；国家对教育的投入；教育出现的问题。十六大关于教育的提案明显多于往届，主要是批评性的，而不像以前为教育辩护。为什么？教育正失去它本身，教育缺乏教育性或教育性色彩淡化。对我们学习的科目来说，主要表现为教育行政的教育性的缺失。教育行政活动不符合教育规律，教育管理人员没有受到教育（上大学与受教育是有重要区别的）。教育（者）的教育是教育获得教育性的前置条件。首先教育管理者要接受教育。当然，一线的教育者同样要接受教育。

（2）学术性。教育行政管理是一种学术性活动。教育行政如何体现教育的价值追求，并反映政府的意愿和要求，是值得不断研究的。另一表现就是教育改革是探索性、创新性的工程，需要科学的理论指导。比如，新一轮基础教育课程改革，一方面有国家行政的推动，同时又有大批专家学者积极参与，学术性特征很明显。我国教育行政面临的首要问题是学术化问题，应该吸收更多的教育学专家从事教育行政工作，以学术官僚替代行政官僚。

（3）滞效性。十年树木，百年树人，百年大计，教育为本。教育的长效性决定了教育行政的滞效性，这方面在教育投入上的表现非常突出。比如，国家对基础教育的投入，几十年以后才能有成效。因此，教育投入必须坚持不懈，才能收到效果，教育行政显然应该充分考虑教育的这种特性，作好长期的规划和投入准备，不要期望早上播种、黄昏收割。教育行政的滞效性在一定程度上会影响政府的投入热情和信心，它们更乐意把力量用在见效快的项目上，以取得更大的政绩。我们还注意到，教育行政的滞效性近来受到怀疑，因为实践中正例与反例并存。（印度 20 世纪 60 年代高等教育大发展；中国 20 世纪 80 年代末公费选派 80 多名最出色的物理学青年才俊去国外主要是美国学习，回来效力的几乎没有，与当时李政道博士等人的预期相去甚远。）实践在理论之外，具有可证伪性。这说明，任何理论不可能有完全充分的可观察事实予以确证。

二、中小学行政管理的定义

中小学行政管理属于学校管理的范畴，是学校为了实现教育教学工作目标，依靠一定的机构和制度，采用一定的措施和手段，发挥管理和行政职能，带领和引导教职员工充分利用各种资源有效地完成学校工作任务，实现预定目标的组织活动。

中小学行政管理的主体是从事非教学、科研活动的相关行政机关，其成员是各级各类机构的管理者和执行者。中小学的行政行为必须符合法律或行政法规的规定。学校行政管理的各个具体职能是一个统一的整体，不可分割。它们围绕着教学这个中心，像链条传动一样，一环扣一环，既相互依存，又发挥其各自的独立作用，只有把它们都正确合理地运用起来，才能促进素质教育教学质量的不断提高。

三、中小学校行政管理的职能特点

中小学行政管理的职能主要包括计划、组织、协调、控制四个方面。其中计划包括制订计划、下达指示、作出决议、进行安排等。组织是把已经确定的计划和决策付诸实施，组织活动还包括对机构的设置、调整和有效运用，对人员的选拔调配、培训和考核。协调是通过政策、法令和各种具体措施，不断改善和调整组织之间、人员之间、活动之间的各种关系，使各项工作分工明确、配合密切、步调一致，以共同实现预定目标。控制，即监督、检查的职能。可以通过统计资料和实时信息的分析，如人事、组织、财务等情况进行控制。

中小学行政管理的特点表现在：是在学校政策制度下推行政务的组织活动。一切行政活动都是直接或间接与学校权力相联系，以学校权力为基础的。中小学的行政管理要讲究管理的效能和效率。它通过计划、组织、指挥、控制、协调、监督和改革等方式，最优地实现学校所预定工作的任务，并使其达到应有的最好的成绩和效果。

四、中小学行政管理的任务

中小学行政管理的基本任务是不断提高学校行政管理工作的效益、效能和效率，促使学校教育工作和管理工作积极、主动适应改革的要求，以保证育人质量的优化。

国家在改革之中，教育也必须改革。从办教育的观念、思想到学校教育和学校管理的各项具体工作，从教育体制、教育结构到各级各类学校的教育内容和方法，从教育行政的宏观管理到学校的微观管理，都在逐步地进行改革。其中，有学校教育方面的改革，也有学校管理方面的改革，两者是同步的。没有学校管理改革，学校教育改革将难以顺利进行。

毋庸置疑，在总体条件相同或相近的情况下，学校管理水平的高低同学校育人质量的优劣是成正比的。我们也应该承认，多年来，学校教育培养的人才还有弱点。特别要指出的是，面对我国社会主义现代化建设任务和世界范围的新技术革命形势，人才的数量和质量就越来越显得不适应。因此，就需不断改善和加强学校的管理工作。过去，我们的学校习惯于实施经验管理和行政管理。虽然不能说这种管理模式一无是处，必须立即全部舍弃，但也决不应视为理想的状态。现在，我们的学校应努力以现代先进的管理理论为指导，逐步实现行政管理的科学化、民主化、法制化和现代化，使之达到一种能适应客观形势不断变化发展的新的管理水平高度。

第二章　中小学行政管理的内容

学校行政管理工作内容之多，可用"麻雀虽小，五脏俱全"这句话来形容，它几乎涉及了学校工作的方方面面。作为学校行政管理人员，虽然分工不同，但只有全面系统地了解学校行政管理的内容，才能够立足本职、着眼大局，更好地为提高自身和学校的行政管理水平服务。

一、管理要素的解说

管理要素是指管理活动的必要组成部分，或者说是指构成管理活动的必要因素。那么，管理有哪些因素或组成部分呢？对此，各家说法不一，既有"职能—要素"说，也有"过程—要素"说，还有"资源—要素"说。本章将从学校管理实际出发，依"资源—要素"说分析学校管理活动的对象，确定学校管理工作的内容。

设立学校，开展教育活动和管理活动，必须要提供资源条件。学校管理中的资源要素及其相互关系，可用下图表示：

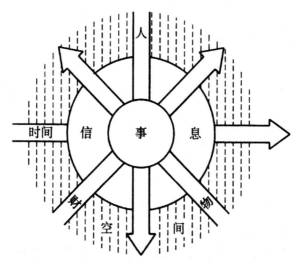

学校管理工作的要素图解

二、学校管理中的基本要素

人、财、物是学校管理中的基本要素，是物质性的。人力资源量足质高，财力雄厚，物力充裕，就会为学校教育活动和管理活动的有效进行奠定可靠基础。反之，学校各项活动的开展必将受阻，影响成效。没有人、财、物不行，有了人、财、物也只是一种条件。如果使用不当，学校活动仍未必会有明显的成效，甚至造成资源的浪费。为此，就需要认真地把人、财、物这些资源管起来，作为学校管理工作的基本内容。其中，财、物由人掌握、支配和使用，才能得以发挥作用。因此，在人、财、物三要素中，人力资源又是最主要的。

在学校中对人的管理，不仅有管理者和各级各类组织对学校成员的管理，而且有教职工和学生的自我管理，以及对"自我管理"的指导和组织，学校中管人的最重要的内容是提高人的积极性。

财是学校管理的基本要素之一，在非能动性的资源中，财不仅可以转化为物，而且对能动性的物质资源——人的管理具有直接的影响作用。因此，管理财力的行政事务应是学校管理的一项重要工作内容。钱财的收和支是学校财务管理的两个侧面，各项管理活动都是围绕这两个方面展开的。

物是学校育人工作的物质条件，管理不善，不仅会造成经济上的浪费，而且会直接影响学校工作的正常开展。因此，学校应从多方面加强对物的管理。学校中物的管理包括对学校建筑、设备和学校物品的管理。

三、学校管理中的特殊要素

时间、空间、信息是特殊资源，是学校管理活动中不可缺少的必备要素。学校管理中人、财、物诸要素的活动，是在一定的时间流程之中和在一定的空间范围之内进行的，而信息则是在其间起着沟通性作用的要素。在以往的学校管理活动中，人们较为重视对人、财、物诸资源的管理，而对时间、空间和信息则较为忽视，甚至未被看作是资源性的要素，自然也就不称其为学校管理工作的对象和内容了。这是一种与现代管理科学的要求相悖的观念和做法，也不符合学校管理活动的实际情况。

时间是学校管理的特殊资源和要素，存在于管理活动的全程之中。时间的流程与学校工作的流程是相对应的，时间的利用率直接与学校工作的有效性相关联。因此，学校管理者要重视和加强对时间的管理。

学校中一切教育活动和管理活动，总是在一定的空间范围内进行的，人、财、物诸基本要素也总要在一定的空间范围内才能发挥积极的作用。校内外空间的利用状况，直接影响学校工作的有效性。空间有校内与校外之别，学校管理者对空间的管理也就可从这两方面进行。

所谓信息管理，是指对管理信息的资源收集、加工、整理、传递、贮存全过程的管理。简言之，就是对管理信息所实施的管理活动。管理信息是那些同管理活动有关、对管理活动产生作用和影响的各种消息、情报、资料等的总称，反映事物在管理过程中的活动特征及其发展变化状况。在学校管理活动中，管理信息是客观存在的。对其实施管理，涉及面极为广泛，主要有四个方面：建立和完善信息沟通联络渠道；提高管理信息传递的准确度；消除和克服信息失真现象；完善管理信息的贮存制度。

四、学校管理中各要素的综合

在学校中，人、财、物以及时间、空间、信息诸要素不是孤立存在着的。发挥这些要素的作用，目的在于育人。因此，把这些要素作为学校管理工作的内容，不只是研究和实施对它们分别进行管理活动，更应该研究和实施对它们进行综合性管理。要素的综合，构成各项相互联系的育人之事，而对要素的综合管理就是对育人之事的管理。

在学校中，直接作用于受教育者的，有各科教学工作、多种形式的课外和校外活动，有思想、品德的教育工作、知识学习和智能发展工作、体育卫生习惯的训练工作、劳动教育和美育工作，有班主任工作、团队和学生会的组织工作等等。这些方面的大大小小的工作，构成一件件各有特定任务的"事"，它们都以学校工作目标为核心。就学校实际工作而言，往往是以这一件件育人之事作为管理的对象和内容。从这个意义上说，把"事"也作为一种管理工作的要素。这种要素与人、财、物等要素不同，不是一个层次上的要素，不是同一标准前提下的逻辑划分，只能是一种综合性的要素，而且不具资源性质。当然，这并不意味着对"事"无须管理。恰恰相反，学校管理工作以实现育人目的为己任，就不得不把各项育人之事全面地管起来。不管育人之事，只管人、财、物和时间、空间、信息，那就会失去学校管理工作的意义。

第三章　中小学行政管理的原则

学校管理原则是学校中管理者和被管理者为实现预定目标进行共

同活动的基本要求，是学校管理者采取有效手段管人、理财、用物和处理各项育人事宜必须依循的行动准则。在本章中，我们将在论述管理原则作用和原则体系的基础上，逐条分析主要管理原则的基本精神。至于原则在学校管理工作中的贯彻和运用问题，本章会有所涉及，但更多的是体现于以后各章之中。

一、学校管理原则的作用

学校管理原则对学校工作的指导作用，具体表现在以下几个方面：遵循正确的学校管理原则，能保证学校管理过程畅通行进，使前后阶段顺利衔接和过渡，使各环节和各周期正常有效地运转；能区别不同事件、不同对象、不同时间、不同场合，去选取恰当的管理方法，把握运用时的分寸，以收到理想的效果；有助于统筹安排各项管理工作的内容，使之形成相互联系的整体；能促使组织制度和规章制度趋于合理化，发挥最大效能。总之，学校管理原则指导学校管理工作，以最终实现学校的工作目标。运用管理原则，应是学校管理者的必备条件，也是衡量学校管理者是否称职的标尺之一。

二、学校管理原则的体系

在中小学管理活动中，存在和涉及多方面的、复杂的关系。根据已有研究成果，本书选择以认识和研究各种"关系"为基础，进而探索规律，并由此总结出相应的学校管理原则。

从现象和形式方面看，学校内部有各种人与人、工作与工作、人与工作（或人与事）、物质条件与精神条件等关系；学校内外有学校与国家、家庭以及社会各个方面的关系，有学校与社会交互作用的关系等。如若细分，可以理出一套关系网络。其中，最基本的是四大类关系，即学校与社会之间的关系；工作与工作之间的关系；人与人之间的关系；"力"的投入与工作成果的关系。

从以上四类关系中去探索规律，揭示其中的本质，可以得出学校管理工作的主要原则。

三、中小学行政管理的主要原则解读

1. 思想领先，学校工作方向性原则。在学校管理工作中要思想领先，就应加强思想工作和思想政治教育。学校是教育单位，决定着学校一切工作都具有教育性。不仅是教育活动，而且管理活动及各项管理措施都要体现和发挥对学生的教育作用。学校各级管理者自身要在工作中做到思想领先，还要指导教职工在各自的工作中做到这一点，使学校成员人人重视做思想工作，形成"思想政治工作，各个部门都要负责任。政府主管部门应该管，学校的校长、教师更应该管"的良好局面。

2. 内外协调，学校工作社会性原则。这条原则要求我们把学校视为社会的一个组成部分，通过内外协调，充分利用社会有利条件，尽量排除不利因素，使学校管理工作效率在校内外交互影响作用中不断提高。就学校行政管理的内外协调而言，应考虑四个方面的问题：首先，在认识上必须明确，内外协调是校内外双方的事，但学校要采取主动态度，决不能坐等。其次，学校要利用一切机会向社会作宣传，使社会各方面了解学校工作的重要性，了解学校工作的要求和困难，从而提高社会有关部门和人员的认识，取得他们的谅解和支持。再次，学校要自觉地参加社会服务活动，为社会做有益的工作。最后，最主要的是搞好学校育人工作，学校培养的学生质量高，为社会所需要，才能赢得信誉。

3. 教学为主，学校工作整体性原则。这一原则强调学校管理活动的作用，应该是使学校中各个部门、各类成员及其工作保持最大的一致性，进而达到总体的最佳效能，为学校的教学工作服务。在学校实际管理工作中，可以通过以下措施实现以教学为主：一是深入教学第一线、跳出教学第一线，既听课评课又参加教学、指导教学；二是建立教学指挥系统，组织教学工作全过程。此外，学校领导管理者还要从

学校工作目标出发,在工作安排上体现全面性,而在工作进程的指挥上要有协调性。以目标的要求为标尺进行协调,由不断地协调使目标得以全面实现。

4. 稳定秩序,学校工作计划性原则。这一原则强调学校管理工作要有预测、有目标、有相互联系的内容安排和有序的进程步骤,并在此基础上形成指导行动的方案。也就是说,学校全局以及各个部门、各个方面、各个层次的工作要做到层层有计划,事事有打算。不仅要有计划和打算,而且要使学校中各种类型的计划和打算形成相互联系、相互补充的系列,使学校工作形成前后连贯、环环相扣的序列。学校中计划有许多种,可以作不同的分类,既包括近期计划和远期计划;也包括经常性计划和临时性计划;还包括学校总体工作计划和各部门、各层级工作计划;此外,还有教研组或年级组工作计划、班主任工作计划,非行政组织方面有团、队和学生会等工作计划,直至每个成员的工作计划、学习计划等等。

5. 依靠教师,学校全员积极性原则。学校人员中有教师、职工、学生,有管理者和被管理者。我们说调动和发挥人的积极性,首先是要求领导管理者要有积极性,还要全力去调动和发挥各类人员的积极性,而不能满足于调动和发挥某些人或某类人的积极性,更不能有意无意地去挫伤人们的积极性。只有教师的积极性而无学生的积极性,教学质量就不可能提高;只有教师的努力工作而无职工的有力配合和协助,教学任务也难顺利完成。虽然各类人员在学校中的地位和作用不同,但都是不可缺少的成分。因此,调动和发挥学校全员积极性是学校领导管理者必须明确树立的一个基本观点,对各类人员不能有亲疏扬抑之分,所采取的各种管理措施要有助于调动各类人员的积极性。

6. 提高工效,学校组织合理性原则。建立合理的学校组织,有助于调动学校成员的积极性,充分发挥各类成员的作用,也有助于处理各类成员之间的关系,形成和谐的集体。树立组织合理性观点,建立合理的学校组织，目的在于正确处理组织间关系以及促使组织活动正常化。学校组织合理性的标准或尺度，主要是两条：一是方向对，二是效率高。实现学校组织的合理性，就要处理好党政管理，做到党政分开、精兵简政、建立和实施岗位责任制；处理好民主与集中的关系，就要实行民主集中制，要创造一种又有集中又有民主，又有纪律又有自由，又有统一意志，又有个人心情舒畅、生动活泼的局面。

7. 勤俭办学，学校工作效益性原则。学校工作的效益问题，主要包括两个方面，即社会效益和经济效益。在学校工作中，社会效益和经济效益不是一回事，但两者又是有联系的。衡量学校工作的根本标准是育人的数量和质量，而在育人过程中则要考虑经济效益。对那种人员大量超编、物材设备使用率极低、钱财挥霍浪费等现象无动于衷，以为只要育人质量过关就可以的观念和态度，也是同效益性原则相悖的。

第四章　中小学行政管理的方法

各项工作都有方法问题，中小学行政管理工作也不例外。管理方法是具体的，又是多种多样的。本章将着重分析中小学行政管理活动中，学校全局性的管理方法，这些方法对学校各层次、各部门的工作都有作用，对推动学校管理活动的进程也有作用。至于学校中各个部门和各项工作的管理方法，比如办公室、教务处等的管理工作方法，教学工作、人事工作的管理方法，那是方法体系中另一层的、更为具体的方法。这些方法将同各项具体工作内容和过程联系起来，在本书后续的分章中具体论述。

一、学校中行政的管理方法

学校中行政的管理方法是学校领导管理者依靠以校长为首的各级组织机构和自身的权力，通过发布命令的方式，直接对师生员工产生影响作用的管理手段。这是中小学管理工作中一种常用的方法，对管理学校各类成员和各项工作都是适用的。

行政方法在学校管理活动中是有效用的。但是，有些人往往会产生一种误解，把以权威与服从为前提的行政方法，等同于强迫命令、专制独裁。行政方法同其他管理方法一样，有其局限性，运用不当，效果很可能是较差的。掌握行政方法的特性，正视其局限性的方面，行政方法的效用才是毋庸置疑的。学校领导管理者要正确使用行政方法，必须注意以下问题：

1. 正确对待权威作用问题。权威是一种影响力，来自两个方面，即权力性影响力和非权力性影响力。学校领导管理者单纯地依赖于自身的职位和上级的授权，凭借由此而产生的权力性影响力，至多只能使师生员工产生畏惧性的服从；如果学校领导管理者由于个人的某种专业特长、能力或品格，而产生非权力性影响力，则能使教职员工产生发自内心的信赖和敬重性的服从。可见，运用行政方法的效果是同学校领导管理者的个人条件相联系的。个人条件上乘，方法的效用就会显著。学校领导管理者要正确有效地使用行政方法，就必须重视提高自身的素质。只有权力性影响力的领导管理者，很可能在运用行政方法时产生独断专行和家长式的现象。

2. 健全学校内部组织系统。在上下层级之间，有明确的节制关系；在各级组织的职责范围方面，有明确的分工和授权；在管理跨度方面，有明确又适当的直接指挥的下属人员数量界限；在横向组织机构的关系上，有明确和协调的信息沟通渠道。其结果，既能保证行政命令产生有令则行、有禁则止的效用，又能发挥各级组织机构及其成员的积极性，从而避免行政方法的某些局限性。

3. 遵循运用行政方法的客观要求。学校领导管理者在发布行政命令、提出指令性计划时，如果仅以个人的意志为依据，那就容易产生主观主义的毛病；在实施命令的全过程中，如果也仅按主管者的个人意愿行事，那就难免会出现片面性和武断作风。因此，有效运用行政方法，必须遵照党和国家的正确方针、政策、法律的有关规定；必须听取和尊重教职员工的合理意见，在民主的基础上行使主管者的权力；必须建立一套符合学校实情的规章制度，使之对师生员工和学校领导管理者都有一定的约束力。

二、学校中经济的管理方法

学校中经济的管理方法是学校领导管理者依赖物质利益的原则，通过运用物质刺激的方式，对学校成员产生影响作用的管理手段。这是中小学管理工作中有一定效用的方法，对管理学校各类成员和各项工作具有不同程度的适用性。

在学校中运用经济的管理方法时必须注意以下问题：

1. 反对和克服物质利益分配中的平均主义倾向。学校应按教职员工的工作数量和质量状况，考虑和分配他们的经济收益，拉开差距。没有差距的物质刺激方式是不可能对教职员工产生明显激励作用的。当然，差距过大，超越绝大多数人的心理承受能力，也会产生某种副作用。这就是说，学校领导管理者在运用经济手段时，既要敢于拉开教职员工物质利益上的差距，又要善于掌握适当的差距度量。

2. 坚持按劳分配原则和完善工作责任制。学校在运用经济的管理方法的同时，要建立和完善各种工作责任制度，并相应地有一套测定教职员工工作状况的考核办法。这种制度和办法应是在教职工参与之下制定的，既有公开性，又是教职员工集体所能接受的。只有这样，才能创造一种争取工作量大、质高、经济多收益的平等机会，把竞争机制正确地引进学校管理工作领域，逐步消除"你好我好，彼此彼此"式的工作心态。

3. 学校要具有和正确使用相应的办学自主权。在学校成为基本的办学实体和具有独立的法人地位的情况下，学校领导管理者才可能在自主的职权范围内运用物质刺激手段。此时，学校领导管理者必须持无私和公正的态度，慎重行事。在物质利益的分配方面，如果出现亲疏之分或其他各种不按劳绩决定分配额的现象，那么经济的管理方法就将成为一种挫伤教职员工积极性和导致产生离心倾向的手段。

4. 运用经济方法，会直接影响教职员工个人的物质利益。中小学行政管理者在运用经济的管理方法时，必须有一定的限度，注意同其他管理方法配合使用，必须关注"一切向钱看"的现象，避免削弱学校工作的整体观念甚至危及全局利益的倾向。

三、学校中教育的管理方法

教育的管理方法是学校领导管理者凭借真理和科学的力量，运用精神观念的宣传方式，对学校成员的思想认识、情感和行动产生影响作用的管理手段。这是中小学行政管理工作中长期使用的方法，对管理学校各类成员和各项工作具有普遍的应用价值。

在学校管理工作中运用教育的方法，对学校成员所起的影响作用是多方面的。一是能提高教职员工的思想认识水平，明确工作和学习的目的性，并以此为指导进行各项活动。二是能激发师生员工的工作和学习的热情，促使他们发挥内在的潜能，在参加学校各项活动时有一种"乐在其中"的心态。三是能增强教职员工工作和学习的毅力，使他们为追求和实现某种信念而不畏任何困难，甚至可以牺牲某些个人的物质利益或放弃一个部门的局部性利益。

教育方法是一种符合学校工作特点的、有效的管理手段，但也不是万能的。没有其他管理方法发挥互补作用，教育方法的效用也会减弱。就教育方法自身而言，还需要从目标、内容和具体做法上，不断地提高科学化的程度。为此，学校领导管理者要在了解和研究学校成员思想和行为的基础上，选用各种有针对性的教育手段，辩证地处理各种教育手段和各种管理方法的关系。运用教育方法时应注意以下问题：一是作为学校管理方法的教育手段是多种多样的，它们各有独特的作用。二是说服教育和行政措施是相辅相成的两种管理手段。三是精神鼓励和物质鼓励是相互联系的两种激励手段。

第二讲 中小学行政管理目标

第一章 中小学管理目标的概述

一、学校管理目标的概念

关于学校管理目标的概念，有很多种不同的提法。有的论著认为："学校管理目标是为实现教育目标而制订的工作目标，它是具体化的教育目标。"也有的论著指出："所谓学校的管理目标，就是要把学校办成什么样子、什么规格的问题。具体地说，就是指学校各项工作的目标和育人质量的目标。"还有的论著在说明学校管理目标时，明确指出："就中小学来说，就是学校领导人员，通过执行一系列管理职能，实行对学校的人、财、物、事、时、空、信息等因素的有效管理，使每个学生得到发展，把学校办成一所具有特色的社会主义新型学校。"而身处中小学管理岗位的实践者们对学校管理目标则有着更为直观的理解，比如一位中学校长在文章中认为："管理目标是学校管理人员（包括领导和全体教职员工）的工作目标，是从实现教育目标出发，在学校原有的基础上，要把学校办成什么规格的问题，其核心是最大限度地发挥人、财、物的实际效益。"

以上列举的几种关于学校管理目标的看法由于各自侧重点不同，所以有明显差异，有的甚至表述还不够严谨，但其中提到的一些问题，的确是我们在认识学校管理目标概念时应该注意的。

一般普遍认为，所谓学校管理目标是一所学校的组织，为了按质按量完成育人任务，从本校实际出发所确定的组织活动的质量规格和活动结果的意向模式。它反映学校管理者和被管理者协同进行有效活动的要求，体现他们对理想办学状态的价值追求。

当然，制订学校管理目标有个体的作用，目标体现学校成员的价值追求。因此，学校成员的价值观念对管理目标制订的影响作用，是不可忽视的。

二、确立学校管理目标的依据

影响学校管理目标确立的因素很多，既有宏观上学校所处社会性质和时代背景的影响，也有国家教育发展方针和教学管理政策导向的影响，还要考虑学校管理活动自身的规律及学校管理目标与教育目标的关系，甚至学校自身的现实状况，乃至学校管理者特别是校长自身教育思想的影响。此处，我们主要探讨确立学校管理目标的客观依据，具体包括以下三个方面：

1. 社会大环境的影响。《国家中长期教育改革和发展规划纲要(2010～2020年)》明确指出："当今世界正处在大发展、大变革、大调整时期。世界多极化、经济全球化深入发展，科技进步日新月异，人才竞争日趋激烈。我国正处在改革发展的关键阶段，经济建设、政治建设、文化建设、社会建设以及生态文明建设全面推进，工业化、信息化、城镇化、市场化、国际化深入发展，人口、资源、环境压力日益加大，经济发展方式加快转变，都凸显了提高国民素质、培养创新人才的重要性和紧迫性。中国未来发展、中华民族伟大复兴，关键靠人才，基础在教育。""在党和国家工作全局中，必须始终坚持把教育摆在优先发展的位置。按照面向现代化、面向世界、面向未来的要求，适应全面建设小康社会、建设创新型国家的需要，坚持育人为本，以改革创新为动力，以促进公平为重点，以提高质量为核心，全面实施素质教育，推动教育事业在新的历史起点上科学发展，加快从教育大国向教育强国、从人力资源大国向人力资源强国迈进，为中华民族伟大复兴和人类文明进步作出更大贡献。"

2. 管理规律和学校教育目标的影响。学校管理不是一种为管理而管理的活动。学校活动分为教育活动和管理活动两大类。在学校活动中，分化出独立的管理活动，是为了通过这种活动促进和保证教育活动更有效果，培养合格的人才。因此，从这个意义上说，学校管理活动的最终目的应是实现学校教育目标，而学校管理目标只不过是其间的中介。所以我们确立学校管理目标，实际上是一个明确学校管理职能范围内的活动方向和工作指标问题，更是一个确定以何种方式保障和实现学校教育目标的问题。

3. 学校现实状况的影响。学校管理目标是一种工作方向和理想境界，又是一种具体的工作发展进程所应遵循的轨道。这就是说，管理目标既不是现已达到的要求，也不是经过努力仍旧达不到的境界，而是即将开始去做、并能够一步一步做得到的。因此，学校管理目标的确定必须建立在对学校现实状况的客观分析和准确把握的基础上，既不能好高骛远、脱离实际，也不能随遇而安、得过且过。

三、学校管理目标的优化

由于学校管理目标是学校组织及其活动的目标，因而必须从学校组织的角度去思考学校管理目标的优化。衡量学校组织的活动优劣，首先是建立网络，在组织中，要开展活动必须有组织机构和工作队伍，两者是活动的主体；其次，要解决主体怎样去开展活动的问题，即管理方式和管理手段。而学校组织又是分层次的，学校先要确立的是全校性的管理活动要求，然后再根据不同层次的学校组织，按照学校管理活动规律中需要解决的基本问题，形成整合一致的目标体系，建立高效率的管理机构，组成高水平的工作队伍，确定以民主集中制为主的正确管理方式，运用科学化的管理措施，实现学校管理目标在实践层面的优化。

其中，学校是否形成整合一致的目标体系，在现实中大致可分为以下几个水平层次：学校"无"明确目标、或有错误目标、或正误目标并存→组织确立正确目标→各机构和成员接受正确目标→各机构和成员确立各自目标→目标的协调和统合→整合一致目标转化为统一步伐的行动。各校状况不同，现处于什么水平层次，应以什么水平层次作为努力方向，会有很大差别。

学校中目标系统的整合一致，主要表现在三个方面：一是管理目标与教育目标吻合；二是全校性总体目标和部门性局部目标的一致；三是管理者和被管理者在目标上的整合。

在学校组织中，有领导管理人员和被领导管理人员。他们是构成学校组织的两个群体，前者是甲群体，后者是乙群体。两者如果都能够明确认识学校组织应有的、正确的总体目标，并以此作为各自的努力目标，那么学校总体目标的达成度（即实现的程度）就会较大；反之，就会较小。

甲、乙两群体的目标之所以会同正确的学校总体目标有或大或小的距离，原因主要有两个：一是对学校组织目标的理解不正确。二是甲、乙两群体成员——学校领导管理人员和被领导管理人员的个人需要和期待、个人的利益和成就欲等方面的内容和水平程度不同。

第二章　中小学目标管理的界定

一、什么是目标管理

1954年美国管理学家杜拉克在《管理实践》一书中首先提出"目标管理和自我控制"的主张。1965年奥迪奥尔尼进一步阐述了目标管理，目前已被日本、俄罗斯及西欧许多国家广泛采用。

学校的管理目标与目标管理虽有联系，但毕竟是两回事。前者指办学的规格要求，后者是指一种管理制度和管理方法。

目标管理又叫目标管理法，简称"MBO"，是一种激励技术，也是职工参与管理的形式之一。它把科学管理学说与人际关系学说有机结合起来，主要根据是所谓"Y"理论，这是一种根据工作目标来控制每个职工行动的新的管理方法。其目的就是通过目标的激励，来调动广大职工的积极性，从而保证实现总目标。其核心是强调成果，重视成果评定，提倡自我管理、自我调节和个人能力的自我提高。其特点是以目标作为各项管理活动的指南，并以实现目标的成果评价贡献的大小。

学校目标管理是学校管理者引导学校各机构和全体成员共同确定学校工作目标及其体系，并以目标为中心，明确各自责任和发挥各方面的主动精神，协调和控制育人工作进程，检查和评估完成育人任务状况的组织活动。其基本含义包括以下四个方面：

第一，学校管理是学校的组织活动，学校目标管理也应是一种学校的组织活动。

第二，任何活动都是有过程的。

第三，目标管理的提出和发展历程中，首先关注人，同时注意人和工作的结合。

第四，就学校而言，目标管理中的目标是指学校工作目标（包括教育目标和管理目标），以完成育人任务为核心。

学校目标管理是学校组织的一种有过程的管理活动。在此活动过程中，体现着以目标为中心、以人为主体的精神。从这个意义上说，可以称之为一种管理思想。

二、学校目标管理的特点

目标管理面向未来，它是系统性的管理，是重视成果的管理，是重视人的管理。目标管理既纠正了古典管理学派偏重以工作为中心，忽视人的一面，又纠正了行为科学学派偏重以人为中心，忽视同工作结合的一面，把工作和人的需要统一起来。与之相比，学校目标管理具有以下特点：

1. 发展性、时间性

首先，教育目标具有指向未来性。教育目标决策必须正确、先进与可行，因而学校目标管理具有发展性。其次，教育目标要根据地区和学校实情，分时期确立，系列规划。并且目标的达成和成果的测评都有相应的时间要求，因而学校目标管理具有时间性。

2. 整体性、系统性

任何学校必须形成一个真正的整体。每个成员所作的贡献各不相同，但他们的努力必须全都朝着同一方向。学校管理者根据一定时期内学校事业发展的方向，实事求是地确定总目标，然后将总目标层层分解，逐级展开，通过上下协商，制订出各层次，以至每个人的分目标，使总目标统管分目标，用分目标服务总目标，从而建立一个自上而下层层展开、自下而上层层保证的目标体系。这个体系强调全员参与、全程管理、全体负责、全面落实，使学校管理始终有一个凝聚点和预定的推进轨道，使全校形成一盘棋，心往一处想，劲往一处使，从而避免学校部门、个人之间各自为政，保证整体目标的实现。

3. 自主性、创造性

学校目标管理，重视人的作用的发挥和人的思想因素的作用，把目标作为联结"人"和"事"的核心要素。在确定目标的过程中，主张让被管理者自定目标，或自己主动承诺目标。在实施目标的过程中，对目标实现的具体方式不作硬性限制，"八仙过海，各显神通"。目标测评时，注重让被管理人"自评"。这种自主管理，有利于激发积极性、创造性。

4. 参与性、自控性

从目标的确立到目标的考评，学校每个成员都必须参与进来。学校目标管理重视成果评定而不是对行为的监控，它把客观的需要转化为个人的目标，它使得每一位员工都能控制自己的成就，都能用自我控制的管理来代替由别人统治的管理。员工采取行动，并不是由于别人要他行动，而是由他自己决定必须采取行动。

第三章 中小学目标管理的作用

杭州教育学院通过与传统的管理制度方法相比，认为学校目标管理因其本身蕴含的符合现代价值理念的管理特征，给学校管理活动带来了正负两方面的影响。

一、正面效应

1. 学校目标管理是激动人心的管理，具有激励效应。在学校管理的过程中，目标具有特殊的意义。管理心理学的研究表明，激励的心理过程，是需要、动机、目标三者相辅相成，互为因果的连锁反应。简单地说，需要是人的积极性的内部动力，动机是推动人积极行动的直接动因，目标则是导致需要转化为行为动机的诱因。当人的需要具有确定的目标并具有实现目标的可能性时，需要便转化为动机并推动人积极行动。人的需要、动机、目标紧密结合，构成一个支配人的行为的动态系统，形成人的行为的基本模式。

在学校目标管理的过程中，目标成为学校全部管理活动的基础与核心。管理从确定目标、认定目标、形成目标体系链，到执行目标、检验目标，把学校全体人员的全部管理行为围绕目标组织起来，把学校整体事业成就与个人的自我充分发展结合起来，把管理者与被管理者有机结合起来，通过激发每个人的工作积极性来搞好学校管理工作。学校目标管理通过一个具有挑战性的、经过努力可以达成的学校目标体系，对学校全体成员产生巨大的动员和激励作用。

2. 学校目标管理强调自我管理、自我控制，具有自主效应。目标管理作为一种管理制度和方法，它是行为科学与科学管理思想的"交合"。一方面，它吸取了科学管理的思想，强调目标在学校管理过程中的作用，以目标指导行动，要求把任务转化为目标体系；另一方面，又继承了行为科学的精髓，重视人的作用的发挥和人的思想因素的作用，把目标作为联结"人"与"事"的核心要素，使人通过完成目标去指向"事"。在确定目标的过程中，主张让下级自定目标，或自己主动承诺目标。在完成目标的过程中，反对上级或外部的过多干涉，主张变"他控"为"自控"，独立自主地完成任务。最后，让职工对目标达成情况作自我评价。这种自主管理有利于建立工作责任感，有利于发挥下属的主动性、积极性和创造性，改变了管理只是上级的事的观念。

3. 学校目标管理强调成果，重视成果评估，对目标实现的具体方式不作硬性限制，认为"白猫黑猫，抓住老鼠就是好猫"，具有独特的成果效应，能充分调动教职员工的积极性、主动性和创造性。学校目标管理正是依据分目标对下级进行考核，并依据分目标的达成情况和所取得成果的大小进行评定与考核。通俗地说，在学校目标管理的过程中，学校管理者告诉下级的只是"你要登上那座山峰"，至于沿着哪个山坡、哪个途径登上去，那是由下级自己去决定的。因而下级有更多的选择、有更多的设计、有更宽的活动余地。这不仅有利于下级发挥主动性、创造性，而且有利于形成和谐的上下级关系，营造出良好的学校心理环境。

4. 学校目标管理是系统、整体的管理，具有整合效应。学校管理目标是目标管理的核心要素，是学校管理功能的具体体现，是衡量学校管理工作好坏的重要标准和尺度，学校管理的其他要素都是围绕这一要素组合起来的；另外，学校目标管理通过让全体成员确定、认定、执行目标，使每个人都参与了学校的全局性管理，使全校形成一盘棋，从而纠正了学校部门、个人之间由于本位主义和分散主义可能导致的各自为政的弊端。这样，学校目标管理通过建立纵横交错、整合一致的目标链，使个人目标、部门目标与组织目标融为一体，以目标为轴心把学校全部管理资源统一起来，特别是把各层次的管理者与被管理者的积极性都调动起来，形成一个整体的合力，真正产生"1+1＞2"的整合效应。

二、负面效应

尽管目标管理在学校管理中已经取得巨大的成就，焕发出勃勃生机，但在我国中小学管理实践中，由于目标管理使用不当也会产生负面效应，主要有以下几种情形：

1. 轻视长远规划，偏重短期效益。学校教育目标具有长效性、迟效性的特点，与之相应，学校管理目标在时限上就有短期、中期和长期目标之分。在学校管理实践中容易出现追求近期效应而忽视长远利益的倾向，如在教育教学管理上过分注重升学率、高分率，忽视对学生的素质教育；过分注重培养先进生、特长生，轻视转化教育后进生、问题生；在教职员工人事管理上注重使用、轻视培养；在领导班子构成上，重视一时的情趣相投、轻视人员异质互补的长远效应；在学校教育教学改革上，追求容易显效的改革项目，而漠视基础性、长远性项目；在目标责任制建立后更容易出现追求任期效应，使得短期目标与中期、长期目标相脱节，出现"人在政举、人去政亡"的现象。

2. 职责权限难以划清，容易出现部门本位化倾向。学校管理是一个整体化的连续过程。而目标管理却要求按照学校职能部门或学科、班组分解目标，并建立目标责任制。但是，在学校管理实践中，有许多方面要严格区分目标责任界限是极为困难的，如学生的思想品德发展就很难具体界定为某一部门的责任。因此在目标管理过程中，学校各部门之间常常出现执行任务时泾渭分明、以邻为壑，承担责任时互相推诿、大"踢皮球"，成果总结时有功相争的极端本位化倾向，严重干扰了学校整体目标的达成。

3. 目标体系难以确定，容易产生目标偏差。实践表明，学校管理的有效性与目标的明确度成正比。目标管理的关键在于各级各类目标是否可以考核，可以衡量。学校教育工作有其特殊性，培养人才的规格标准不像物质生产那样容易规定。就培养人才的过程来说，它的周期漫长，涉及多种因素共同发挥作用，加之外部形势和学校教育管理任务又经常变化；就教师的劳动特点来说，由于教师的劳动具有创造性、复杂性、相互关联性等特点，职责、任务只能作模糊区分，教师工作目标难以量化等，都给学校目标体系的确定增加了难度。就目标管理对管理目标的要求来说，目标值偏高，没有实现可能，缺少可行性；目标值偏低，没有激励性，缺少必要性；目标表述模糊，没有确定性，缺少可考核性，这更给目标体系的确定增加了难度，大大影响学校目标管理的有效性。

4. 目标体系呆板僵化，难以适应变化的形势。中小学教育正面临着前所未有的巨大变革，影响学校管理的因素呈现出愈来愈大的随机性。这就要求学校必须能够随时随地根据实际形势的变化，迅速调整相关的管理对策。由于目标管理强调目标体系的双向建构，强调组织目标、部门目标及个人目标的协调一致，从而导致了目标体系"牵一发而动全身"的"超稳定性"。这样，学校目标管理对环境变化的适应力就表现为僵化有余、弹性不足，不能很好地适应形势的发展。

第四章　中小学目标管理的优化

提高学校目标管理有效性的关键在于强化其正面效应，减少其负面影响。具体地应从学校目标管理程序入手实行如下优化措施：

一、科学确立学校发展目标

1. 科学分析，准确定位。目标管理要做到激励性与可行性的统一，这就要求管理者在科学分析校情的基础上，抓住学校急需解决的问题，形成既体现本校自身特点，又不至于过于拔高、不具备达成可能的学校发展目标。目前国外流行的"SWOT"模式就是帮助管理者了解学校现状的有效工具。它包括四个因素：S（Strengthy）表示实力。它要求找出学校的优势、强项。如队伍优势、质量优势、地理位置优势、学校结构与管理制度及历史传统优势等等。W（Weakness）表示缺陷。它要求分析出学校在组织结构、人员配置、行为习惯、工作效率与效益等方面存在的不足。O（Opportunity）表示机遇。要求学校管理者要有把握机会的预见性，及早准备。T（Threat）表示威胁。要求管理者有危机感，及早发现问题，早作对策。这一模式能较为有效地帮助管理者清醒认识学校实际，从而准确合理地制订学校未来发展总目标。

2. 系列规划，兼顾近期需要与长远利益。针对目标管理中容易出现的"短期化"倾向，在学校的规划设计中，必须把长远发展蓝图的实现与中、短期目标的达成统一起来。要确定哪些是近期努力应达到的目标，哪些是经过不间断的努力可以实现的目标。当近期发展目标与长期发展目标相冲突时，一定要协调好两者的关系，不要为一时得失而毁掉长远发展前程。长远发展目标是一个总体规划，近期发展目标是眼前可操作的具体步骤，一定要使这些具体步骤服从于总体规划设计，否则应该根据长远发展规划调整具体目标实施。

3. 合理分解，双向构建目标体系。学校总目标确定之后，应根据学校系统各部门职能属性的不同进行目标的分解。这一步骤执行得好坏直接影响到"部门本位化"现象的产生与否。学校系统是一个多层次、多结构的功能耦合系统。学校系统的复杂性要求管理者在目标分解过程中必须遵循下列四个原则：（1）整合一致原则。即高层次的总体目标是低一层次分目标的依据，而低一层次的分目标应服从于、服务于高一层次的总体目标的要求。两者之间是整体与局部、主与从的关系。（2）均衡协调原则。正确处理主次目标之间的主从关系，科学界定各目标之间任务范围、职责权限方面的边界关系以及各分目标实施进程中的同步关系。这样才能避免出现管理死角或交叉管理现象，杜绝各部门之间的权、责、利的纠纷，影响总体目标的达成。（3）双向构建原则。目标的分解与展开严格禁止自上而下的指令式。提倡通过协调式，即上下级之间充分协商与讨论，取得共识，最后形成完整的目标体系。这种通过自上而下、自下而上的双向构建而形成的学校目标体系有利于下级积极性的调动，有利于正确理解和确定各自的职责、权利和责任。（4）刚性与弹性相结合原则。目标管理的成功与师生员工对学校的信任度有关，而这种信任是与学校目标体系的明确度与稳定性紧密联系的。朝令夕改的目标显然不容易形成这种信任。因此在目标分解过程中要求各层次目标一般包括三项内容：①应该做什么，达到什么要求？②应该在什么范围，什么时间内进行？③应该如何衡量和评价工作成效？这种目标确定的是刚性任务，容不得耽误、数量不足或质量规格不符等情况的出现，它们是学校目标稳定性的保证。然而，俗语有云：计划赶不上变化。因此在稳定性、刚性的前提下，往往需要在经费预算、完成时间等方面预先留有一定的调整余地，有一定的弹性变化范围。这样就较好地克服了目标管理呆板僵化的负面效应。

4. 制订实施计划，签订目标责任书。即把修订后为全体成员认可的目标落实到具体部门和每个人身上，明确各自的目标责任，并以协议——目标责任书的形式固定下来。目标责任书（或目标管理卡）作为控制目标实施与检评的依据，其内容应包括目标项目、权限及条件、进度安排、自我评价、领导评价、奖惩等等。

二、完善管理机制，积极实施目标

实施目标是促使目标实现的核心环节。这一阶段需做好的几项工作是：

1. 组建高效的学校管理机构。为了使各部门、每个人的目标科学地组织起来，既不相互干扰，又能促进总目标的实现，关键是要有一个高效的学校管理机构。高效的学校管理机构起码要符合这样的标准：（1）有正确的办学指导思想；（2）能根据上级政策和学校实际情况作出有影响力的决策；（3）领导集体的凝聚力强，善于做思想工作，辐射力大；（4）干部服务精神好，群众信服、佩服。

2. 科学授权，合理分工。现代学校管理组织复杂、事务繁多，再能干的校长也难以包揽一切，而且，目标管理的重要特点之一就是强调自主管理和自我控制。因此，科学授权与合理分工成了校长的分身术与成事术。所谓分工就要做好领导班子各成员之间职、权、责的分配；所谓授权是指管理者对下属授予部分权利与责任。在学校管理中常常见到校长做了主任的事，主任干了办事员的活，或者处、室间对有利的事争着管，无利的事则互相"踢皮球"。科学授权与合理分工要求在机构设置与权责分配中避免职能的重叠交叉和管理的"真空"，因此，能较有效地杜绝这类本位主义现象的大量产生。

3. 畅通信息渠道，加强监督反馈。目标管理强调目标是学校一切管理行为的导向。管理者必须建立立体、交叉、多维的信息网络，密切关注学校管理活动的运行状态是否与确立的目标体系相符。一旦出现问题，管理者随时可以通过畅通的信息渠道迅速了解情况，并组织相关部门协同"会诊"，找对问题症结，形成对策，并迅速通过信息反馈渠道对不恰当的管理行为作出修正，确保目标管理不至于出现目标值的偏差。

三、测评成效，利益挂钩

目标是目标管理的最高约束手段，是衡量管理成效的标尺。在这一环节中，要做到：

1. 严格对照目标责任卡的相关约定，坚持以目标作为检查与评估的主要尺度，仔细审核行为结果与目标值的相符程度，以此作为衡量部门和个人的行为绩效。

2. 为防止学校目标管理过分追求短期效益而忽视长远利益，应注意从目标的整体效应来评价短期目标行为或部门（个人）目标行为的价值。

3. 把评价结论与利益挂钩，认真履行目标责任卡的有关规定，将行为绩效与奖励、惩罚结合起来，奖优罚劣，鼓励先进，激励后进，真正提高学校组织的整体效应。

第三讲　中小学行政管理过程

第一章　中小学学校管理过程的特性

学校管理是一种动态的活动过程。参照已有国内外研究资料对管理过程的界定和理解，结合我国中小学的实际状况，我们赞同有的著作将学校管理过程解释为"指学校管理者指挥本组织内的成员，为达到学校的预定目标，以育人工作为中心，按计划有步骤进行共同活动的程序。"

中小学学校管理过程是一种特殊的活动形式，但它同一切形式的管理活动一样，在过程的始终都贯穿着矛盾。研究矛盾的普遍性和特殊性的关系，抓住学校管理过程中的矛盾，特别是其中的主要矛盾，揭示学校管理过程的特性，将帮助我们事半功倍地做好中小学行政管理工作。

一般地说，学校管理过程的特性可概括为以下四个方面：

一、以人为主导的双边性

主体和客体，即管理者和管理对象，是管理过程中的一对基本矛盾，双边性是任何管理活动均具有的共性。

由于在学校管理的活动过程中，管理者是人，管理对象有人，也有物，还有人参与的各种事。所以，学校管理活动的主客体的关系是复杂的，双边性有其特殊性。基本上有以下几种：一是学校管理者（以校长为首，下同）—教职员工，即人—人双边关系；二是学校管理者—教职员工—学生，即人—人—人两个层次的双边关系；三是学校管理者—教师和学生，即人—"人—人"双边关系；四是学校管理者—

教职员工（以职工为主）—物，即人—人—物，或表示为人—"人与物"这样一种双边关系。

在我国学校的管理过程中，管理者和被管理者都是活动的主人。被管理者具有参与学校管理的民主权利，管理者在行使管理职权的同时也应尊重和维护被管理者的主人翁的地位。可见，学校管理过程是管理者和被管理者相互依存、相互影响和制约的双边活动。只有双方发挥自觉性和积极性，才能使管理过程有效地顺利向前推进。在学校管理过程的各个环节和阶段中，都必须考虑双边性，而不能只顾双边中的任何一方。

二、以育人为主旨的目的性

任何管理活动，都存在管理的过程与结果的关系。处理两者关系，明确管理的目的性，又是一个贯穿于各类管理活动中的普遍矛盾。

在学校，存在着两种过程，即育人的教育、教学过程和管理过程，两者的目的也是共同的，即为了把学生培养成合乎社会需要的各类合格人才。学校内有各类成员，担负着各种任务，他们由一定的目标联系在一起。学生接受教育，为了使自己发展成合格的人才，教职工进行各项工作，是为了把学生培养成合格的人才。教师在教，学生在学，师生为了实现共同的教育任务才结成一定的关系。一所学校之所以需要管理活动，正是为了促使各类成员汇集成一体，去实现学校的共同目标。学校内各层次机构之所以需要管理活动，也是由于该机构各成员具有共同的目的任务。学校管理活动得以存在和发展，首先在于它的目的性。但是，学校管理过程的目的性与其他管理过程不同，具有自己的特点。在学校管理过程中，始终贯穿着以育人为主要宗旨的目的性。

三、以分段推进为主线的有序性

管理过程自起点到终点，构成一个管理周期。一般情况下，如果没有新的目标提出，或者管理者和管理对象双边关系解体，那么在一个管理系统、部门或具体单位中，就不会再出现新的管理周期。但在一个管理周期中，学校管理过程的活动是有序的。学校只要继续招生、培育人才，就会出现一个又一个不间断的管理周期，使学校管理过程持续地、又是分阶段地向前推进。在学校中，由于学校管理活动的内容是多方面的，就某一具体方面而言，可能经历一个周期的管理过程之后，实现了某个具体目标，不需要再有后继管理周期。但是，从总体上说，以育人为宗旨的目的性绝不是一个管理周期的活动所能实现的。育人是一个长期的过程，管理育人的活动自然也是长期的过程。在有序的过程中，按周期分段，一段一段地完成阶段目标和任务，最终实现育人的总目标。这种"分段推进"、"段段相连"的形式，成为学校管理过程的活动主线。

由于学校各项工作的进程不尽相同，因而不同方面管理活动的程序也会有差别。但是，对各项工作的管理，又有共性的因素。一般来说，学校全局管理工作的过程以一学期为一个管理周期，形成由若干阶段或环节有机联结的程序。在这种程序中，基本上由四个阶段或环节构成，即：计划—实行—检查—总结。其中，由计划始，到总结止，是一个周期。由总结进入计划，那是第二周期的开端。总的来说，学校管理活动是按上述程序进行的，不容破坏和颠倒。但是，有效的管理工作过程在实际中要复杂得多，受到校内外各种因素的影响，不完全都是按一种程序模式行进。

四、以一定条件为前提的控制性

通常人们认为，世上的可控事物必具备三个条件：有一定程序的组织性；存在着多种发展的可能性；有相应的控制手段和方法。就学校及其管理活动而言，同样具备以上条件。学校管理过程是一种有自身目的和运动程序的控制系统活动，有明确的系统状态的要求和按程序行进的轨道。这里以信息为媒介，通过各种形式的传递、变换和处理，了解和掌握学校工作的动态状况，及时发现学校实际工作和预定轨道之间的偏离。比如，在听课、座谈会和查阅书面材料后发现，教师教学的实际进度比教学进度计划的规定延迟了一段时间；各科教学基本上没有按照发展学生智能的要求去实行，这就是偏离的表现。要使学校系统的活动保持在一定的状态下和在一定的轨道上行进，就需要采取相应措施进行调节，以保证学校管理活动顺利地，在相对稳定的状态中发展，如期实现预定目标。

概括地说，学校管理过程是可控的，但要使控制有效，则应做到以下几点：一是在过程中有明确的可测量的目标和标准；二是有畅通的信息渠道；三是有一套科学测定偏离度（即实际状态与目标要求量之间的偏离程度）的手段；四是有健全的组织保证，以充分调动组织成员的积极性。当然，我们在肯定可控的前提下，也应看到学校的育人过程和管理过程中有非控因素，承认学校管理过程的控制性是有条件的。

以上所述学校管理过程的主要特性，都不是孤立的，而是相互联系和渗透的，从不同侧面勾画了学校管理过程的基本状态。

第二章　行政管理过程的计划和实行

一、如何制订计划

计划是管理的基本活动，是管理工作的起始环节，是全过程的起点。任何管理工作如不经历计划阶段，那是很难有步骤地开展的。

在计划阶段，学校管理者和被管理者要共同制订各种计划。计划阶段管理工作的最后成果是形成计划，即对未来的工作作出规定和安排。不论何种计划，在制订时必须有所依据，不能凭学校主管人员去个人设想。在计划阶段，学校管理者必须考虑"来自上面的"、"来自学校的"、"来自理论的"三个主要方面的依据制订计划。

一般说，"来自上面的"正确的方针、政策、法规和上级部门的具体指示应该符合和反映"来自理论的"教育规律的科学理论，它们又都应同"来自学校的"学校实际情况相吻合，能指导学校的实际工作。这就是说，作为制订计划的三方面依据，有其一致性。但是，三者在有些时候也可能出现不一致的情况。因此，在计划阶段，学校管理者必须认真地、全面地进行分析研究，综合地看待三方面的依据。如果上级的要求过高或过低，就应按照组织原则逐级反映情况，或改变要求的量度、或改变实现要求的时限、或作某些其他方面的变通；如果是工作基础薄弱，就应及时采取弥补措施；如果现实条件不够，就应尽力予以充实和改善。反之，只顾依据一头而不问其他，或者勉强使三者凑合，或者不研究依据只照搬他人的一套，那么所产生的计划，必然是不可行的。

　　为此，必须按照下列主要步骤制订计划：科学预测—确立目标—获取信息—分析依据—群众参与民主讨论—比较研究——深思熟虑，果断决策。

　　做完计划阶段的各步工作，最终制订出计划，标志管理活动全过程中第一阶段的结束。这一阶段的管理工作是否有效，不只是看能否制订一份计划，而是要测定制订的计划是否良好。因此，需要从方向性、科学性、可行性、可检性等四个方面评价计划的优劣。

二、怎样实行行政管理

　　实行阶段是管理活动全过程中占时最长的阶段，是管理人员需要花极大的精力去抓落实的阶段。实行阶段的工作内容是由计划规定的。在正常的情况下，计划中写的就是实行阶段要做的。在计划制订后，只要学校成员"各就各位"，各司其职，按计划规定的工作任务和内容去做就是了。当然，计划中的规定，有的在实践中要作必要的补充，有时要作某些变动，往往不可能没有一点变化。然而不论变化与否，实行阶段基本上应按计划去做，去实践。

当学校成员按计划进行工作的时候，学校管理人员干什么呢？深入群众，大事小事一起干，是一种工作方式；计划制订之后，以监督者的身份在旁看着大家干，也是一种工作方式。在一些管理学和教育学论著中，虽然也确立实行阶段的重要地位，但对这一阶段管理活动的论述似乎又不那么详细和具体。根据"领导必须干领导的事"这一要求，就得研究实行阶段"领导应干什么事"以及"如何干好应干的事"，并对实行阶段的进程进行有效的控制，以保证学校工作按计划开展，最大限度地达成和实现既定目标。

在计划阶段确立工作目标，通过实行阶段成为工作成果。在实行阶段中，管理者要实施有效管理和控制，就要随时掌握动态信息，包括各项工作的进度流程，财政开支状况，物资的采购、供应、贮存和使用情况，各类成员的思想、需求和欲望，各部门和机构的活动状态等等；同时，通过信息的输送和反馈，进行组织、指导、协调、激励、教育等活动。这几项活动相互联结，又各自独立，但它们之间并无严格的先后顺序。这几项活动是学校管理者应干之事，同时，被管理者也参与其中，实行阶段的各项活动依然是"人—人"双边关系。从时间流向方面考察，实行阶段的各项活动在管理周期中占时最长，其间双边活动较多。

为提高实行阶段管理的有效性，学校管理者应注意下列五个方面的问题：

第一，组织、指导、协调、鼓励和教育是相互联系的。这几项工作是穿插、配合进行的，不能机械地排列一个顺序，做完一项再做另一项。

第二，管理者要亲临第一线，深入群众，与学校成员打成一片。因此，管理者必须加强自身的思想作风和工作修养。

第三，充分发挥各级职能机构的作用。在一所学校中，校长是掌管全局的，还应在同级管理层中有适当分工，明确各级职能机构在进行组织、指导等工作时的各自作用。

第四，注意发挥学校中各类组织的作用。学校中的行政组织在实行阶段要发挥行政职能作用，其他非行政组织，如工会、学生会等，也应发挥各自的应有作用。

第五，实行阶段的各项活动都要有被管理者的积极参与和主动配合。为此，学校要在制度上、组织上和工作规范方面创造条件，激发被管理者的积极性和主人翁意识。

第三章　行政管理过程的检查和总结

一、怎样检查更有效

检查作为管理周期全过程的一环，仍体现双边活动的特性要求。对下级来说，检查具有监督和考核作用。对管理者来说，检查具有测度管理水平高低的作用。联系管理活动的前后环节来看，检查阶段是实行阶段的必然发展。因此，学校管理者如何对待和进行检查阶段的管理活动，是一个直接关系到学校行政管理工作成效的重要环节。

在学校实际管理工作中，检查的方式有多种，必须灵活运用。以时间为标准，划分检查方式，有平时的分散检查，有阶段性的集中检查。以内容为标准，划分检查方式，有专题性检查和全面性检查两种，这两种方式在集中检查时用得较多。以检查者为标准，划分检查方式，有自检、互检和专检三种。

集中性检查是一种独立的管理活动环节。这种检查方式在学校中是经常运用的。现就各种集中性检查中共通的方面，概括为准备、实施、处理三个进行步骤。准备主要有三方面的工作：一是确定检查目的，设计检查方案。二是组织检查人员，议论检查要求。三是确定检查方案，安排活动程序。实施是集中性检查活动的中心步骤，主持检查工作的学校管理者必须全力以赴，带领检查人员按既定方案组织实施。处理是在实施的基础上，全面整理和分析材料，根据不同的检查目的作出相应的处理。

在检查阶段中，学校管理者的工作是组织各种方式的检查活动，并在此基础上进行有效的分析。"分析好，大有益。"然而，由有效的检查达到有效的分析，亦非易事，学校管理者必须掌握一些基本要求。

第一，灵活运用各种检查方式，获取足够信息，掌握全面而真实的情况。管理者应深入地接触教职员工和学生，以获取第一手材料，这样才能为有效分析打下坚实的基础。

第二，要看到工作成果，更要着眼于工作过程。管理者要把检查作为一项经常性管理工作，善于观察，重于原因探究。分析时，既要作明确的定性分析，又要尽可能地作定量分析，从而确定造成现实状况的各种真实原因，并区分其中的主次。

第三，检查不是管理活动的终结，必须把分析原因与研究措施联系起来，要有针对性，是什么问题、是多大的问题，就采取什么样的措施。

第四，检查是管理者的职责，也是学校每个成员的分内事，应该做到领导与群众相结合。检查要靠大家，分析也要靠大家。在学校成员共同参与之下找到的原因，决定的措施，比较容易为执行者所接受，比较容易落实，并产生积极的效果。

二、如何总结更科学

总结是学校管理活动一个周期过程的终结环节，它标志着一个活动周期的完成，又预示着后一个活动周期即将开始。如果把由计划到总结作为一个管理活动周期，也是一个控制周期的话，那么，对总结阶段的控制，亦即对全周期或全过程的最终控制。通过总结得出经验和教训，可以探讨管理工作的规律，又将成为后一周期工作的依据。可以说，总结起着承上启下的作用，积累经验的作用，促进管理水平提高的作用。管理人员的思想由实践向理性认识的阶段提高和深化，总结在其中起着催化、加工作用。因此，学校管理者和教职员工要提高对总结工作的认识，抓好总结环节的管理工作。

总结阶段管理活动的产物是写出总结。一般说，总结的种类和方式，与检查的种类和方式相对应。在通常情况下，总结是在学期和学年结束时进行，有全面总结和专题总结两大类。全面总结属于常规性的。学校和校内各部门每学期或每学年都要进行一次，每次总结要有新的水平。专题总结的课题范围可大可小，在一学期中，可以就有突出经验或教训的某项工作进行总结，也可以在各类相同工作和平行机构中，选择一项工作和一个机构的工作进行总结。

学校管理者应掌握几个关键点，以做好总结工作，提升管理实效。

一是明确总结的要求和做法，选准对象。管理者只有平时深入基层，深入群众，注意积累点滴材料，才可能在总结阶段明确指导思想。临时应急、主观决定，往往要犯瞎指挥的毛病。

二是以检查为基础。要做好总结，管理者必定应先抓好检查阶段的工作，获取各种可靠信息。比如，要有足够的数据材料，要有典型事例和人员的言行表现，要有具体的能反映经验和教训的素材等等。信息不足或不准确，就得反复进行检查工作。

三是确立客观的评估标准和尺度。在总结时，应以原定工作目标（包括实行中的调整指标）为依据，与最后的工作结果相比，两者的一致性程度是评价成效的标准和尺度。一致度愈大，成效愈大，反之则愈小。这样，比较合乎科学，更客观一点。

四是在总结阶段要摸索管理工作规律。要在总结过程中，研究实现计划和目标的经验以及达不到规定指标的教训，并从管理活动中寻找原因。把总结作为由管理实践上升到管理理论的阶段，每一次总结都是探索学校管理工作规律性的活动。

五是总结要有激励性。不论是对管理者，或者对被管理者，回顾过去是为了推动未来。通过总结阶段的活动，应使学校每个成员增强创造工作新成绩的信心和决心，成为前进过程中的"加油站"。为此学校管理者在总结中一定要教育学校成员胜不骄、败不馁，正确对待胜利和失败；要吸引和组织全体人员参与对工作结局的评估；要对失败原因主动承担管理工作上的责任；要分析扭转失败局面的有利条件和因素；要提出新的目标和继续前进的实际措施。

第四章　中小学行政管理过程的优化

在管理实践中，各个阶段管理活动的有效性，往往并不等于学校管理周期全过程以及各周期管理工作过程的高效性。为此，中小学行政管理者必须进一步关注学校管理过程的优化问题。

学校管理过程的优化，主要是指在一定条件下，学校管理过程的活动不仅是有效的，而且有效性要越来越显著，趋向最佳状态。学校管理者争取实现管理过程优化时，必须设法使学校目标和管理程序趋向优化，必须处理学校管理过程的程序活动与学校环境的关系。

一、中小学管理目标的优化

优化的目标主要表现在以下几个方面，管理者可以据此使本校、本部门的目标趋向优化。

（一）目标的正确性

学校工作目标如果是正确的，只要学校管理者和被管理者能协调配合、共同活动，那么学校管理过程总会有一定效果的。正确的目标能保证计划—实行—检查—总结各环节活动的方向性，真正成为管理周期中各项工作的核心。这样一来，学校管理过程就可能避免出现紊乱状态，有助于减少无效性的活动。因此，学校管理者要优化管理过程，首先就得着力制订正确的学校工作目标。

（二）目标的明确性

正确的目标需要用明确的方式和形式表达出来。目标正确而不明确，就会导致学校计划的含糊，实行阶段也难以把握，管理过程各阶段工作不可能准确地为实现正确目标服务。不仅如此，正确而不明确的目标使执行人员花费较大精力去琢磨和揣摩目标的真谛，从而延误管理活动的进程，影响过程的有效程度。因此，学校管理者要尽量使学校成员对正确的目标有一种清晰的理解，以促进管理活动的准确性趋向优化。

（三）目标的集中性

众所周知，学校工作目标不可能是单一的，往往是多种目标或目标的多项指标要求并存。在平时，一个人要同时完成几项任务，会感到为难；教师上一堂课要实现很多项教学目标，也会难以应付。同理，在一个管理周期中，要去达到过多的目标和指标要求，结果很可能落空。而且在管理过程中，学校管理者还要一次又一次地去做协调工作，疲于奔命，常常会出现顾此失彼的现象。因此，在目标系统中要有重点目标，在一个时期中要有主要任务，在一项工作中要抓住突出问题，这就是目标的集中性。目标多、指标多，总得要有集中点。不具集中性的目标和目标系统，不是优化的目标，必将导致学校管理过程诸环节活动的失调。

（四）目标的协调性

目标的集中性并不意味着只允许有一个目标或一项指标要求，单一的管理工作也不是优化的工作。在中小学，要管好教学工作，也要关注勤工俭学活动，只管一头是不行的；要管好课堂教学，也要安排课外活动，只管一面是不成的。这里提及的每一方面的要求，都不是可有可无的。在这里，除了要明确主要目标之外，还要明确各目标之间的关系。有时就一个部门、一个方面的工作而言，提出某种目标和某种高度的指标要求是合理的，但从目标间的关系和实现总体目标来说则是不可行的。这就要体现出目标的协调性。目标间的协调是目标优化的又一种表现，将促使学校管理过程在相对稳定、平衡的状态中趋向优化。

二、中小学管理程序的优化

在学校管理过程中，各基本环节构成一定的程序。程序的优化从各环节的结构和活动态势方面得到反映，它是过程优化的直接体现。

1. 程序结构的完整性。在学校各项工作任务中，不论大事小事，也不论是长期性工作或短期性工作，一般讲，其管理活动周期都由计划、实行、检查、总结所构成，缺少任何一环就不是一个完整的周期，因此，学校各级管理人员的管理活动，从总体上说，不外乎是抓住这四个基本环节，使之构成完整的程序。程序越完整，过程越优化。

2. 程序活动的连续性。从发展上看，学校中任何工作的管理，在一周期中由计划到实行、到检查、止于总结；然后还要进入后一周期工作的管理，不断出现这四个基本环节的循环。有水平的学校领导管理者应使诸基本环节的每一次循环都能向上提高一层级、向前推进一步，像走阶梯一样，一个台阶接一个台阶向上登攀。这里关键的是在一个周期内各环节之间以及前后周期之间的连续性。程序活动越具连续性，管理过程就越趋于优化。

3. 程序活动的灵活性。学校管理活动是极为复杂的。管理各项工作的活动程序各有其特殊性，也就是灵活性。首先，在不同工作的管理活动进程中，诸基本环节的地位不同。其次，在不同工作的管理活动进程中，诸基本环节的具体表现形式不同。再次，在不同工作的管理活动进程中，诸基本环节的实际程序是不同的。最后，还必须看到，学校管理活动过程就像一架整机一样，由各种部件、零件和众多的齿轮所组成，学校管理者指挥和操纵着整机有规律地不停地运转，沿着一定的程序去实现学校工作目标。

三、学校管理过程与环境

学校管理过程是在一定的环境条件下进行的。因此，过程的优化不能不考虑环境因素。在一种优化的环境中，学校管理过程就更能趋向优化；反之，过程不仅不能优化，而且会大大降低有效程度。这就要求中小学行政管理者必须妥善处理与外界环境的关系。

优化的学校管理过程应是一种既保持自身活动程序的闭合性，又在各阶段的活动内容和方式方面具有开放性，处于闭合与开放相结合的状态。如制订计划，不能不考虑外界影响和条件，不能不反映社会环境对学校工作的要求和期待。在实行阶段，学校管理者不仅要协调校内关系，而且要协调校内外关系；不只是指导校内事宜，还得对学生的校外活动和家庭生活负有指导责任。在检查和总结阶段也有类似情况。比如，学校要接受教育行政部门和其他有关方面的指导、监督，又要向上级部门汇报工作。

一种优化的学校管理过程应该能主动地把外界的冲击波减小到最低程度，具有抗干扰的能力，或具有较大的可容性，能把随机发生的事件纳入和结合进原先正常的程序活动之中。总之，学校要变被动应付为主动适应，以保持程序活动的相对稳定性。比如，外界各方面组织的竞赛活动、检查评比活动，事事要求学校参加，这就容易打乱实行阶段的活动程序，也同校内的检查活动在时间、内容和要求方面不相吻合。如果都予以接受，那么学校原先的计划和实施步骤必将无法实现。为此，学校管理者要有预见性，备有应变方案，以免事发之后的被动。

第四讲　中小学行政管理系统

第一章　中小学现行领导体制

一、我国中小学内部领导体制概述

学校管理体制是确立学校内部管理结构与过程的组织制度，主要指学校的机构设置、领导制度、管理权限的划分。核心是管理权限的划分，也就是说，学校管理体制的中心是领导体制。

中小学内部领导体制是指中小学内部的机构设置，隶属关系和权限划分等方面的体系和制度的总称。由于它规定了学校机构设置及其相互关系等，涉及谁来领导和负责全校的工作，由谁来行使学校的决策权、指挥权的问题。因此，它直接支配着学校的全部管理工作，是直接影响学校全局工作的关键因素，是办好学校首先必须解决的问题，是学校管理的根本制度，是学校管理体制的核心和基础，是发挥校长领导效能的重要保证，决定着学校党政关系的正确解决。

当前，我国中小学内部领导体制改革的基本内容是全面实行校长负责制；加强学校党政建设，发挥党支部的保证监督作用；建立和健全教职员工代表大会制度，加强民主管理和民主监督。改革的核心是全面实施校长负责制。

二、校长负责制概述

1. 校长负责制的含义

校长负责制是指学校工作由校长统一领导，全面负责的学校组织制度。这是学校的基本组织制度，也是学校的一种决策制度。实行校长负责制，就是明确校长在学校的法人代表地位，对外代表学校，对政府主管部门承担学校管理的责任；对内全面负责学校的教育教学和行政工作，实行统一领导。

2. 实行校长负责制的学校，校长应具备的权力

（1）决策指挥权。在国家有关法律、法规、政策允许的范围内，校长有权对本校教育教学和行政工作进行决策和统一指挥。

（2）干部任免权。在认真听取教职员工意见的基础上，经与学校党组织共同考察、讨论后，按照干部管理权限和职责，可提名、任免副校长和中层干部，经党组织讨论研究，报上级主管部门审批或备案。

（3）学校改革权。校长有权根据政府和教育行政部门的规定，结合本校实际，实行教职员工聘任制、岗位责任制、结构工资制等学校内部劳动、人事、分配制度的改革和教育教学改革。但改革方案和措施需经过学校党组织的讨论，并经教职员工代表大会审议通过，报上级主管部门批准，才能由校长组织实施。

（4）教职员工奖惩权。校长有权按照有关规定和程序对教职员工进行奖惩。对教职员工的重大奖励或行政处分需听取学校党组织和工会的意见，按有关规定，报上级教育部门批准。

（5）经费和固定资产使用权。校长有权按国家有关政策和规定合理支配、使用教学经费、校舍和仪器设备。

保证校长实施以上权力，是实行校长负责制的前提。

3. 实行校长负责制的积极作用

其一，实行校长负责制，有利于推行岗位责任制。实行校长负责制，是管理学校的责任及相应的职权集于校长一身，有利于学校行政工作的统一指挥，有利于建立层层负责的岗位责任制，有利于解决长期以来人浮于事、职责不清、赏罚不明、效率低下的状况，从而提高学校行政工作的效能。

其二，实行校长负责制，有利于决策的科学化和民主化，保证决策的正确性。重大问题的决策，必须由校长主持，按照程序进行科学论证，提出决策方案，经校长办公会或行政办公会认真讨论研究，再经过教职员工代表大会审议，最后形成决策并付诸实施。在决策的过程中，既要发挥校长的主导作用，同时也要发挥党组织的保证作用和教代会的民主管理与监督作用。

4. 在我国中小学实行校长负责制应处理好的校内关系

第一，学校党组织和行政组织的关系：两者不是领导与被领导的关系，党组织在学校中发挥保证和监督作用；书记和校长也不是第一把手和第二把手的关系，他们是各自组织中的第一把手。有的学校认为，书记和校长应该"只有工作的追求，没有权力的欲望"，一个要"放心"、一个要"虚心"，相互间的关系就比较好处理了。有的学校提出"三分三合"，即职责上分、思想上合；工作上分、目标上合；制度上分、关系上合。

第二，校长负责与民主管理的关系："参与管理"是西方管理学中经常提及的要求，我们社会主义学校更应实行民主管理。把学校成员作为被动的受管客体，或者视为"外人"，不可能使他们与校长同心同德，也不可能形成支持校长工作的生动局面。校务委员会和教职员工代表大会是民主管理的好形式，可以起到审议、咨询、监督、沟通等作用。当然，实行民主管理还可有其他形式，要因校制宜。那么，实行民主管理会不会形成与校长负责"唱对台戏"的局面呢？从本质上说，校长同学校成员在目标和根本利益上是一致的，应无对立矛盾。如果校长的决策和指挥有重大失误，学校成员通过某种形式提出质疑、批评和建议，正是保证校长全面负责正确性的体现。同时必须指出，实行民主管理并不意味着校长无权决定问题和指挥执行，也不是以委员会制代替校长负责制。正如列宁所指出的，一方面经常开群众大会讨论工作，一方面在工作时间绝对服从领导人的意志，要使两者"协调"起来；我们既需要委员会来讨论一些基本问题，也需要个人负责制和个人领导制来避免拖拉现象和推卸责任的现象。

第三，校长与下属管理人员的关系：校长负责决不是校长个人包揽学校一切事务，而是要依靠下属管理人员，实行分层负责。校长与下属管理人员之间是领导与被领导的关系，上下各有职权范围。为此，校长要对下授权，而不能越权决定问题，下属则应对校长负责。

第四，校长与领导班子的关系：这实际上是个人负责和集体领导的关系。在研究问题时，校长与领导班子成员之间是平等关系，都应以理服人。在决策时，应体现校长与领导班子成员的集体智慧，但校长是主要决策者，要善于集中各种意见，要提倡求同存异，要允许班子成员保留己见。在指挥执行时，校长是总指挥，应体现指挥的统一性，决不能在校内形成几个"婆婆"的混乱局面。

第二章　中小学领导班子结构

学校领导班子结构是指为了实现学校办学目标，把不同类型的领导按照一定的程序和比例进行有机组合。在教育行政管理中不难发现，学校领导班子结构是否合理，对于学校的办学效益、未来发展是非常重要的。学校管理实践也证明，结构合理的学校领导班子，能使学校新课改的成效倍增，对学生的学习方式转变与个性成长、教师的专业发展以及有效克服职业倦怠的意义重大。相反，那些办学效益不佳、学校声誉差、教学质量不尽如人意，特别是新课改实施不力的学校，可能有这样那样的失误归因，但其中最重要的，不可忽视的一点就是学校管理层面出了问题，其症结就是学校领导班子结构建设不合理。那么，符合新课改理念的学校领导班子结构建设应该有哪些呢？

一、继往开来的梯形年龄结构

年龄结构是指学校领导班子成员按年龄分布和组合的状态。为了重建学校管理制度，落实新课改理念，实现学生的学习方式向探究性、参与式转变，教师的专业成长，符合新课改理念的学校领导班子结构首先应该是继往开来的梯形年龄结构。即学校领导班子的年龄结构是由老、中、青相结合，并且逐步使领导班子年轻化，使中青年领导成员占较大比重，其组合比例大致可保持在中年占 50％～60％，老年和青年各占 20％～30％为宜。用数学方式表示，即两头小、中间大的梯形结构。这一结构的确立，主要借鉴了现代生理科学、心理科学的研究成果。现代生理科学、心理科学的研究成果表明，人的年龄与智力有一定的关系：知觉能力是 10～17 岁最佳；记忆力是 18～29 岁最佳；比较能力、判断能力是 30～49 岁最佳；动作与反应速度是 18～29 岁最佳。

二、专兼相济的互补知识结构

知识结构在学校领导班子结构中占有比较重要的地位。领导班子的知识结构是贯彻党和国家教育方针、实现学校办学目标的客观要求，也是发挥领导班子整体效能不可或缺的因素。学校领导班子的知识结构应根据学校管理的不同层面及岗位部门的实际需要，来配备不同知识层面的领导，以达到各尽所能、人尽其才、知识互补的效果。一般来说，学校领导班子里面既要有文科（社会科学）方面的人才，也要有理科（自然科学）方面的人才，还要有以音、体、美等为代表的术科（人文科学）方面的人才；既要有教育理论专家，又要有身经百战、经验丰富的教育教学实践者，还要有善于开展团队工作的活动家。领导层次越高，知识结构应越完善。

三、相得益彰的叠加智能结构

智能是人运用知识的能力。叠加智能结构是把有不同知识程度以及掌握和运用知识能力的领导班子成员按一定比例和程序组成一个有机整体。根据马克思主义的观点，智能与知识是辩证关系，知识是智能形成和发展的基础，而智能对知识的学习掌握又有促进作用，且智能具有相对独立性，其自身具有发展规律。用一句话概括，智能是活化了的知识力量。人的智能是由自学能力、研究能力、思维能力、组织能力、判断能力、创新能力等因素构成的。在学校管理实践中，一个管理者同时具备这样的多种能力是有一定困难的，加之学校领导班子承担的并非一种管理功能，而是人、财、物、事等多种多样、各方面的管理工作。因此，学校领导班子成员的智能类型也应该是不同的。在新课改中，学校教育中一个有合理智能结构的领导班子，应该由具有创新能力的思想型领导、具有高度组织能力的组织型领导、具有脚踏实地并埋头苦干的实干型领导、具有深谋远虑并出谋划策的智慧型领导共同组成。在这个领导班子中，智慧型领导提出各种决策方案；思想型领导作出决策；实干型领导组织实施；组织型领导进行动员，统一思想、合理配置资源、协调运行过程中产生的各种矛盾与问题。

四、兼收并蓄的协调气质结构

气质结构是由不同脾气秉性的领导者组成的。心理学研究表明，不同的气质有不同的性格，有的人热情开朗，活泼好动；有的人深思熟虑，稳重好静；有的人坚定沉着，反应迟钝；有的人优柔多疑，敏感机警。每一种性格具有好的、积极的一面，也有不好和消极的一面，但经过环境塑造、教育培训、培养帮扶、锻炼实践等，性格中不好的一面是可以得到克服矫治的，继而形成自己特有的性格。因此，合理的气质结构应该考虑领导班子组建时成员的个性差异，努力把不同性格的人科学地组合起来，相互协调，扬长避短。特别值得注意的是学校领导班子的主要负责人，应当具有宽广的胸怀，善于听取不同意见，有较高的心理相容度，能与不同性格的人共同工作，使班子成员性格优化，各用所长，各展其能，相互激励，互相发展，产生向心力、凝聚力，形成团结一致、共同奋斗的强有力的领导核心。

五、坚定不移的昂扬精神结构

精神结构是指学校领导班子共同奋斗过程中形成的共同的精神追求，它具有学校管理中最核心的价值观的意义。学校领导班子的精神结构内涵为：求真务实的学习精神；开拓创新的实干精神；团结一心的合作精神；不怕困难、连续作战的奋斗精神；公而忘私、洁身自律的廉洁精神。

第三章　中小学行政组织构成

本文只能介绍中小学一般的组织结构状况，而实际上则要丰富得多。同时，我们不能仅仅了解中小学内部的行政机构设置，而且要明确这些机构的职责及其相互间的具体关系。

一、教职员工代表会和校务委员会

教职员工代表会是实施民主管理和民主监督的一种组织形式。学校规模小、教职员工人数少，则可以教职员工大会的形式代之；在有些农村地区，还可按学区或以中心小学为核心建立包括所属各小学在内的教职员工代表会。

校务委员是审议机构，不是决策机构，也不是具体行政事务的管理机构。它不仅应成为学校领导人的"智囊"和"外脑"，而且对学校重大决策有审核之权。按有关规定，校务委员会由校长主持，人数不多，成员应是有威信的。这就是说，该组织的组成要精干，能实实在在行审议之事，并能给校长的决策和指挥以切实的帮助。

二、行政会议

这是以校长为首的学校行政负责人经常性的工作会议，有时称校长办公会议或管理协调会议，是一种体现集体领导的组织形式。会议由校长主持，书记、副校长、正副教导主任、正副办公室主任、正副学生处主任、正副总务主任、团委书记、工会主席等参加；必要时请其他有关人员参加。其主要职责是：讨论、研究和决定日常行政工作的重要问题，包括布置安排、协调、检查下一周工作，总结上周工作等。

三、校长办公室

这是直属校长领导下的处理日常校务工作的具体办事机构；有些学校不设办公室，只设专职秘书或干事，有些规模较小的学校甚至不设专职人员。有些规模较大的学校，还另设人事保卫部门（办公室），或在校长办公室内设专人分管或兼管有关事项。

四、教导处（教务处）

这是学校的重要管理职能部门，主要负责教学的组织管理工作，具体领导各年级组和各科教学研究组及有关实验室等方面工作，领导图书馆（室）、电化教育馆（室、组），主持召开年级主任会和教研组长会，管理有关学校大型考试的命题、考务工作和招生、报考等工作。

教务处设主任，必要时设副主任。规模较小的学校只设教务主任兼教务员，不设教务处。规模很小的小学，甚至只由校长或委托教师兼顾教务工作。

在教育改革过程中，中学教务处的机构设置变化较大。其中，主要有以下几种情况：一是将教务处分为两个部分，即教学研究委员会（研究室、科研办公室）和教务处；二是将教务处分为教学、思想教育和体育卫生三个委员会；三是保留教导处，同时增设教育研究室（或教学研究室），分担原先教导处的一部分工作任务；四是在教导处内部（或单独）成立指导课外活动的专门机构（在一些大型小学也有类似的组织机构）。

五、政教处（学生处）

这是当前很多中小学的另一个重要管理职能部门，主要负责学生在校期间的日常行为规范管理和大型学生教育活动的组织管理工作。具体领导各年级组、各班班主任及医务室（有些学校由政教、总务两处共同领导或直接从属总务处）的工作，有的中小学学生处还监管学校音、体、美等艺术学科的教育管理工作。主持召开年级组长、班主任会议，分别研究各年级、各班学生的思想教育工作。管理有关学籍及组织学生的大型教育活动等。

政教处设主任，必要时设副主任。规模较小的学校只设政教主任兼政教员，不设政教处。规范很小的小学，甚至只由校长或委托教师兼顾政教工作。

六、总务处

这是学校的另一个重要管理职能部门，主要负责后勤方面的组织管理工作。具体地说，包括会计、出纳、物资采购和保管、设备维修和基建、校容的美化、绿化和卫生工作等。规模较大的学校，在总务处之下成立与工作相应的组，或指定专人分管相应的工作。有师生用膳的学校，成立膳食组；有住校学生的学校，成立学生宿舍生活管理组（有些学校从属于教导处，有些学校由总务、教导两处共同领导）。

总务处设总务主任，必要时设副主任。规模较小的学校，只设总务主任或专职事务员，不设总务处；规模很小的小学，甚至委托教师兼管后勤工作。

七、教学研究组和年级组

长期以来，中小学均有各学科教学研究组的建置。教研组一般由学科教师组成。规模较小的学校或学科教师人数过少时，可由相近学科教师组成联合教研组；在农村小学还有以中心小学为核心成立教研联合组（或称学科教研组）的形式。在规模较大的学校中，有些教研组内又按照年级下分若干个备课组。

年级组自产生以来，人们有过多种理解和做法，有的是以同年级各班班主任所组成，其主要任务是研究班主任工作，分析学生思想情况，讨论思想教育和开展全年级共同活动问题等。有的是以同年级各班班主任为主，也吸收在该年级任课的教师参加组内活动，其任务和工作的内容就比较广泛一些，包括研究该年级学业成绩状况等问题。

处理年级组与教研组的关系，多年来各校也有不同做法。一是各自单独设组、并存，同时开展活动；二是名义上两者并存，实际上以其中一种组织为主开展活动；三是单独设立教研组，年级组要承担的任务则由教导处负责人主持召开各班班主任会议或年级任课教师会议研究解决。一般来说，年级组和教研组都隶属于教导处领导。由于教导处设置状况的变化，这两种组织的隶属领导关系也将随之改变。

在改革过程中，还有另外一种情况，即实行"年级组负责制"。这是一种年级组和教研组并存，以年级组为主体的小循环年级教师岗位责任制。年级组成为负责全面质量管理的基层单位，组内全体教师对全年级学生的全面发展负责，对教与学、课内与课外、教学工作与思想工作的各个方面都要负责。这种做法对大型学校来说，无疑是可以作为一种探索性的管理模式。

八、班主任

教学班是学校对学生进行全面教育的基层组织单位，是学生的集体组织。在教学班中，设班主任，由校长从本班任课教师中选任；同时，建立学生的班委会，让学生自己管理自己。由此，也就有人主张班主任是班集体的组织者和领导者，主要任务是管理和教育全班学生。

第四章　行政领导人员的职责

职责是指一定的职务以及与此相应的所负责任的范围。根据职责赋予一定的职权，有利于开展领导管理活动。明确职责，可使学校领导管理人员的工作行为纳入正常轨道，有助于提高工作效率。由于职责是同一定职务相联系的，因此要按不同职务进行分述。

一、校长的职责

我国中小学校长是学校行政的最高负责人，受党和国家的委托，领导管理学校的工作。结合学校实际和管理理论，我们认为，校长作为学校的主要行政领导管理人员，其职责，概括地说，对外代表学校，对内负责全面行政工作。校长要负责全面贯彻党和国家的方针、政策、法规的精神，主要是组织和领导教学工作、学生的思想品德和政治教育工作、体育卫生工作、提高教职员工思想和业务水平的工作、总务工作和勤工俭学活动以及处理人事问题等等，团结、带领和指导学校各个部门、各类成员实现学校工作目标。具体地说，又分为以下六个方面：

1. 校长要视领导和管理为一过程，抓住计划、实行、检查和总结各基本环节，使之正常运转，不断前进；

2. 校长要视学校为一系统，抓住人、财、物等因素，使之有机结合，发挥各自的潜能；

3. 校长要视学校为一组织，抓住各级机构和各类人员之间的关系，使之协调活动，调动各方面的办学积极性；

4. 校长要视学校为社会的一个组成部分，抓住校内外各种联系渠道，参加校外各种与学校有关的活动，使之有利于推进学校工作，并对外产生积极作用；

5. 校长要视自身为学校的领导，以身作则，使之产生一种影响力量，力争有效地实现学校的组织目标；

6. 校长要视领导和管理为一种创造性劳动，抓住研究性活动，发挥创新精神，使之作用于学校各项工作，在革新中不断提高。

二、学校党组织书记的职责

根据党章规定精神，学校设立党的支部（党员人数很少的学校不单独设立支部或不设支部委员会），选举产生支部书记。

当前中小学党委书记（党支部书记）的职责，主要可从下列几方面去考虑和确定：

1. 充分尊重和发挥学校行政组织的作用，参与（在未实行校长负责制的学校是主持）讨论学校内的重大原则问题，对党和国家的方针政策在本校贯彻执行实行保证监督。

2. 组织学校党支部的活动，以完成党章以及党的有关文件规定和赋予学校党基层组织的各种任务；

3. 宣传执行和组织学习党的路线、方针、政策以及党中央和上级党组织的决议，团结和组织党内外干部和群众，努力完成学校所担负的任务；

4. 根据学校特点开展党的工作，加强党的组织建设和思想建设，带领学校中的全体党员，在学校各方面工作中发挥先锋模范作用和发扬创新精神；

5. 密切联系群众，关心群众的各个方面，带头做好群众的思想工作；同时，关心学校中共青团员、基层教育工会和民主党派等组织的工作。

三、学校中层行政管理人员的岗位职责及选聘要求

部门	岗位设置	岗位职责及要求
教务处	主任 （1名）	教务处全面工作协调；课程管理；教辅管理；学科建设；教师选聘工作和教师队伍建设；校本课程开发。 要求：学科教学专家，精通教学管理，有教研组长经历或教学管理经验，思想品德高尚。
	副主任 （1名）	常规教学；教研组工作；各项考务；教育实习；教师评估；教务档案；现代教育技术、网校。 要求：学科优秀教师，有相应工作经验。
学生处	主任 （1名）	主管学生处全面工作；班主任队伍建设与班主任管理；学生思想教育工作。 要求：有优秀年级主任或班主任经历，政策水平高，管理能力强，思想品德高尚。
	副主任 （1名）	学生特色队伍建设；学籍管理；学生社会实践、学校卫生工作；处理日常学生管理中出现的各类问题。 要求：政策水平高，管理能力强。
总务处	主任 （1名）	全校后勤管理、固定资产管理、日常物品采购、清洁工管理、食堂和班车管理、校园基本建设及维护、维修。 要求：事业心强，积极勤政，政策水平高，有节约意识，思想品德过硬。
办公室	主任 （1名）	落实学校工作计划、协调全校行政工作；负责人事劳资事务；学校各类档案的建档及管理。 要求：政治素质好，政策水平高，诚信务实，协调能力强，身心健康，思想品德高尚。
	副主任 （1名）	分管日常事务、接待及外联工作；学校各种文件的起草与下达。 要求：责任心强，热情高，年富力强，文笔好，口才好。

部门	岗位设置	岗位职责及要求
研究室	主任 （1名）	主管研究室全面工作；负责梳理和提炼学校办学思想；协助校长规划学校发展；指导教师教育科研实践成果化。 要求：有较好的研究能力，指导协调能力和科研管理能力。
	主任 （1名）	全校各级各类课题及科研成果管理；教师继续教育及培训；学生心理健康教育工作；编撰校刊、校报和学校宣传材料。 要求：思想深刻，文笔好，政策水平高。
财务室	主任 （1名）	主管财务室全面工作。 要求：思想素质好，政策水平高，讲原则，敢管理，具有专业技能和专业管理经验，思想品德过硬。
现代教育技术中心	主任 （1名）	主管全校网络、电教、信息技术教育的管理协调工作；学校信息资源管理；学校现代教育技术设备管理。 要求：政治素质好，具有很好的理财、管物能力，内行、敬业，思想品德过硬。
团委	副书记兼大队辅导员（1名）	团队组织自身建设工作；学生干部队伍培养及管理工作；校园文化建设及学生社团工作。 要求：思想品德高尚，熟悉团队工作业务，热爱学生，善于做学生的思想工作，中共党员。
年级组	各年级主任 （1名）	落实学校各项工作计划；主管年级教育教学工作和教师教育管理。 要求：思想素质好，政策水平高，有大局意识，爱岗敬业，善于做师生思想工作，组织管理及协调能力强，具有丰富的教育教学管理经验和领导管理才能。
	各年级副主任 （1名）	主管年级学生教育工作。 要求：有过班主任管理经历，善于做学生思想工作。

第五讲　中小学校长管理艺术

著名教育家陶行知先生曾经说过："校长是一所学校的灵魂，要想评论一所学校，首先就要评论它的校长。"由此可见，校长素质的高低对学校的发展有很大的影响。一个优秀的校长要有自己独具特色的办学理念和先进的教育思想，要有学校的发展蓝图，就必须自觉地与时俱进，不断地提高管理水平，学习管理理论，总结管理经验，探索校长的管理艺术。本讲就结合清华大学领导力培训课程中的主要观点和多位名校长的个人感悟，总结提升中小学校长管理艺术的四个方面。

第一章　定位角色，明晰使命

一、对校长角色的准确定位

校长在学校发展中的重要作用毋庸置疑，但具体到校长在学校管理中应当主要承担什么样的角色，不同的校长有不同的思考和感受。而结合校长负责制的要求和新课程改革的需要，找准中小学校长的角色定位，明晰现代校长的全新使命，是中小学校长管理艺术形成的基础。

1. 校长是学校的法人代表

校长代表学校，对外处理各种公共关系、贯彻教育方针政策，遵守国家法律法规，依法办学并承担由此而派生的法律责任和诉讼。运用法律法规维护教师、学生的正当权益。

2. 校长是学校行政权利的掌握者

校长应拥有的权力：决策权、行政指挥权、人事任免权、经费调拨权、财产处置权等。这些权力决定了学校的改革和发展水平与方向，决定了学校的成败，对学校的影响是可想而知的。

3. 校长是学校学术权力的表达和维护者

学校是学术性文化组织，校长应是学术出身，对身为学术人员的教师有明确的认同，养成良好的学术性格和思维方式。当学术及持有者与行政及持有者发生利益冲突时，应始终而毫不犹豫地维护教师和学术利益，而不是相反。这是由学校的性质所决定的，也是由校长角色决定的：校长就是学校行政、业务方面的最高领导人。

4. 校长是筹资者

各国各校都面临不同程度的财政危机，无论是发达国家，还是重点学校。这是由我们能提供的教育产品与人们对优质教育的不断要求的矛盾决定的。为此，校长要为学校筹集更多的经费。教育产业化、市场化是学校自主管理的必然后果，是学校获得更多权利的结果。学校无法逃避市场，也是不必要的。为了学校的生存和发展，校长必须承担筹集经费的责任。

5. 校长是教育教学质量的第一责任人

这是主流的观点，是校长的核心角色。以上所有角色实际都是为校长作为质量第一责任人服务的，它是落脚点和归宿。校长是什么人，是负责教学质量的人。

美国有一项 1980～1998 年的研究，总结出最有效率的校长应该具备：对学生成就的高期望（尽管学生的成绩并没有那么高）；完整的课程内容（连续性和覆盖率）；系统的教学项目（一致性和协调性）；明确的目标和标准；把学习时间最大化；把重点放在阅读和教学技能上；教师发展项目；在学校和课堂上的有序性；一种评估学生进步的方法；鼓励或者奖励学生和教师；学生家长、社区参与；积极的学校氛围。

然而，研究校长如何分配时间的问题上，理想与现实存在矛盾。无论是中学校长还是小学校长都喜欢把时间花在教师和课程发展以及教师评价上，而希望在行政管理事务以及学生服务（主要是纪律和记录维持）上花费更少的时间。中学校长特别是大的学校的校长，在管理上花费更多的时间，而依靠副校长或教导主任处理课程和教学活动。

他们经常抱怨，在管理活动上花费了过多的时间，忘记了自己的专业，更顾及不了对教师的指导。

总之，对于学校来说，校长是重要的。因此，人们不免有多种角色期待。这也使得校长角色变得模糊、不确定，校长角色标准的掌握困难。不管怎样，在多变的社会环境里，校长工作日趋复杂，社会性程度越来越高，压力越来越大。这也更说明校长的作用是巨大的。

二、现代校长的新使命

今天，总被视为人类文化与道德的堡垒，也被诗意化地描述为社会"阳光地带"的学校，却面临着前所未有的挑战。今天的学校，已经淹没在许多脱离了人、人性与人情的各种外在的符号、象征和功利的目标与形式中。校长天天生活、工作在学校，对学校一词的理解也常常被这些外在的符号、象征和功利的目标与形式所歪曲。在一次校长培训班上，培训者要求校长画出自己的学校，结果绝大多数校长画出了楼房、场地、树木、道路，而不见人的影子。如何让"人"回到学校，如何使校长成为关注"人"的领导者，是当今学校变革与发展的核心命题，也是校长应该思考的教育的原点问题。回到教育的原点，从更为本质、更为深刻的层面来看，校长的根本职责是"办教育"而不是"管学校"。也就是说，从"管学校"走向"办教育"，是现代校长的新使命。

"办教育"，首先意味着校长对学校教育本质特性与价值的坚守，更意味着校长对教育的精神追求和对学生、对教师、对学校的赤诚与热爱，以及用思想引领学校发展的胸怀与大气。提倡教育家办学，为今天如何做校长指明了方向。校长在办学实践中，最有条件将教育的知识、思想和情感融入真实、鲜活、生动的教育行动中，并在这样的实践行动中不断形成自己对教育教学的知识与思想，这正是校长最有可能成为教育家的基本路径。

"办教育"的校长要有教育理想。尽管理想与现实之间有较大差距，理想碰到现实常常会显得苍白无力，但是"办教育"的校长一定是一个心中有梦的理想主义者。人类的教育，就是指引着人们追求理想、实现理想的事业。"办教育"的校长，就不仅仅是一个学校利益的代表，也不是眼前功利的追求者，更不是现实人生的守望者，而是一个对教育充满了信念的人。

"办教育"的校长要有教育思想。这种思想不是自我感想和随想，也不是对别人的知识、知道或在一般意义上的理解，更不是在知道和一般理解基础上的能说会道，而是在不断学习、思考、实践积累过程中形成的对教育、对学校、对教师、对学生的独到认识、理解与判断，形成自己特有的办学立场。现实中的一些"名校长"，除了因得到一些荣誉和称号而"名"之外，却没有属于自己的教育思想。没有基于实践的思想，一个校长无论多么闻名，都不能成为"办教育"的教育家。

"办教育"的校长要有教育感情。对教育的感情，决定了校长对教育的用心程度和专注程度，而思想和行动正是在高度的用心和专注中生成的。"办教育"的校长，应该是对教育、对学校、对教师、对学生最有感情的人，如果站在局外人或旁观者的立场对学校实施"无情管理"，就只会离教育家越来越远。

"办教育"的校长要有教育精神。教育是精神劳动，最需要精神力量的支撑。校长的教育精神，是校长基于对教育的理解与追求而表现出的活力、面貌和状态。物质环境和条件固然重要，但精神的力量最为根本。

"办教育"的校长要有教育行动。从"管学校"的角度来看，现实中许多校长都是在不断地工作或做事。而工作或做事，与行动有很大的不同。真正的行动，是校长将对教育的思想、理想、感情、精神融入到学校教育实践中，又在实践中不断生成新的教育智慧与思想，形成新的创新实践的基础。这样的行动，既是校长"办教育"的表现，也是校长成为教育家的根基所在。

第二章　更新理念，引领方向

当前，在我国中小学校长负责制的管理体制下，校长的管理理念在很大程度上决定着学校的发展方向。为此，在新课程改革背景下，中小学校长必须与时俱进，通过更新下列教育理念和管理理念，为学校发展作出正确的方向引领。

一、基础教育课程改革基本理念

1. 多元智能理念

多元智能理念是由美国哈佛大学心理学教授霍华德·加德纳于1983 年首创的，这一理念是在对批判传统的智能理念的基础上加以确立的。传统的智能理念反映在学校教育中，就是强调规范和统一，即"一元化"教育，学生应该学相同的功课，教师应该用相同的方法教所有的学生，通过统一的考试测评学生的好差优劣，并且重视的仅是语文、数学等能加以量化测试的学科，对于不易量化的其他学科往往关注不够。而霍华德·加德纳认为，学生的智力是多元的，除了语言表达智力和数理逻辑智力外，还有其他几种智力：视觉空间智力、音乐节奏智力、身体运动智力、人际关系智力、自我认识智力、自然观察智力和存在思考智力等。因此，学校的教育不应该是"一元化"的，而应该是"多元化"的。

2. 课程目标观

新课程的实施，从强调教师、教材，转变到强调教师、学生、教学内容、教学环境四个要素的整合，课程变成一种动态生成的环境，是四个因素之间持续互动的动态过程。新课程强调在教学中达到知识与技能、过程与方法、情感态度与价值观三维目标的和谐发展。

新课程强调情感、态度和价值观，包含着极其丰富的内涵：情感不仅指学习热情、学习兴趣和学习动机，更是指学生丰富的内心体验和心灵世界。态度不仅是指学习态度和行为规范，更是指乐观的生活态度、务实的科学态度和宽容的人生态度。价值观不仅强调个人的价值，更强调个人价值与社会价值的统一，不仅强调科学的价值，而且强调与人文价值的统一，强调人类价值和自然价值的统一。

新课程的重要作用是赋予学生发展的潜力，发挥才能，把握命运所需要的思维、判断、想象和创造的能力，培养学生的创新精神和实践能力。

3. 课程结构观

目前课程结构过分强调学科独立，门类过多、缺乏整合，需要新的功能要求进行调整。

一是要强调课程的综合性。综合课程，就是强调各个学科领域之间的联系和一致性，避免过早地或过分地强调各个领域的区别和界限，从而防止各个领域之间彼此孤立、相互重复或脱节的隔离状态的课程。

二是要强调课程的均衡性。课程结构的均衡性是依据全面发展的理论和素质教育的精神而提出的，即我们要培养的是德智体全面、和谐、均衡发展的人，而不是培养只有某一方面（如智力发达）能力的人。

三是要强调课程的选择性。课程的选择性，主要是指学校课程以充分的灵活性适应地方社会发展的现实需要，以显著的特色性适应学校的办学宗旨和方向，以选择性适应学生的个性发展。

4. 课程学习观

改变课程实施过于强调接受学习，死记硬背、机械训练的现状，倡导学生主动参与、乐于探究、勤于动手，培养学生搜集和处理信息的能力，获取新知识的能力，分析和解决问题的能力以及交流合作的能力。

从课程变革和实施的角度看，基础教育课程改革关于学习方式改革的目标中至少包括以下三个方面的内容：一是倡导学生的学习方式由他主学习转向自主学习；二是转变学习方式，突出学习过程中发现、探究和研究等认知过程；三是转变学习方式，要以培养创新精神和实践能力为目的。

5. 课程评价观

新课程倡导评价的发展功能，强调对学生的发展评价，对教师的发展评价，以及对课程本身的改善价值，建立发展的课程评价体系。

学生评价的改革重点：一是建立学生全面发展的指标体系；二是重视采用灵活多样、具有开放性的质性评价方法，而不仅仅依靠纸笔考试作为收集学生发展证据的手段；三是要将考试和其他评价的方法，如开放性的质性评价方法有机地结合起来，全面描述学生的发展状况。

二、办学理念

理念是人们对某一事物或现象的理性认识、理想追求及其所形成的观念体系。好的教育理念不仅使校长认识到"做什么"和"怎么做"，而且使校长认识到"应该做什么"和"应当怎么做"。

校长的办学理念可以分为一般理念和特殊理念。一般理念是这个时代占主导地位的、具有一定先进性的教育理念，如素质教育理念、创新教育理念和终身教育理念等。校长独特的办学理念不能完全脱离一般的教育理念和办学理念，但又不能完全一样，既要基于一般理念，又要超越一般理念。

校长的办学理念应当体现在学校的规划之中，并且以行动来实现办学理念。校长的领导行动、教师的教学行动、管理人员的管理行动都应该体现学校的办学理念。此外，应当认识到：制度是理念的保障，没有相应的制度，理念永远是理念。一个学校，如果形成了一种明确的办学理念和一套系统的制度和运行机制，即使没有校长，学校照样可以正常运转。

三、校本管理理念

校本管理是以学校为本位的管理思想、管理策略和管理模式，主张给学校更多重大的办学自主权，学校则要遵循教育规律办事，从学校特色出发，确定办学理念，设计发展蓝图。它的产生既适应了当今世界教育素质化的趋势和学校层面改革深化的需要，也是现代学校管理变革的自身要求。实施校本管理，要求校长增强决策意识，走质量内涵发展道路，追求学校管理精细化。

校本管理与传统管理的最大差别在于"校本"。"校本"的含义是以学校为本、以学校为基础。校本管理是指学校根据自身特点和发展需要制订管理目标，以学校全体成员参与为基础，以促进学校发展为目的，通过多种管理方式的整合来实现学校发展目标的一种学校管理。

由于校本管理下的校长与传统的外控式管理下的校长具有不同的使命和作用，转变校长的领导角色是校本管理改革的根本。在校本管理模式下，更应强调校长的以下角色：一是学校工作的组织者；二是校园良好教学环境的促进者；三是学校教育教学改革的促进者；四是与外界各有关单位的联络者。

第三章　提高校长的领导力

校长是一所学校的核心，他的领导能力直接决定了学校的未来发展方向。

校长是一所学校的文化符号，他的领导能力直接决定着学校的办学品位。

校长的领导能力包括决策能力、沟通能力、团队能力、执行能力，是校长的支配力与影响力的统一，是职务权威与自然权威的统一，更关键的是执行力与人文性的统一。

一、提升校长的领导力的内容

1. 提升决策能力

加强政策解读，注重调查研究，捕捉关键问题，把握大局大势。随着教育改革的不断深入，学校要有清醒的自我发展意识，寻求主动发展路径，校长要正确把握学校所处的特定时代背景和特定的环境，在多方求教和深思熟虑下，高瞻远瞩地确立一个能对学校发展产生重大变革和深远影响的目标。校长要有较强的课程和教学领导能力，开发有特色的校本课程，规划学校课程方案，实施革新的教学方式，推行革新的课程评价，以提升课程品质、提高教学质量、发展教师专业水平、增进学生学业成就。形成独特的办学理念和育人环境，促其成为学校全体师生共同追求的目标，推动学校和谐持续发展。

2. 提升沟通能力

沟通是管理的浓缩。综合运用多种沟通渠道，搭建有效的沟通平台。学校管理的本质在于最大限度地唤醒每位员工的潜能，学校管理的过程就是对人的主观能动性的激发与协调。一个有领导力的校长，总能多方与下属沟通，让其展示才华；总能巧妙地化解矛盾与冲突，促进师生间相互融合；总能一心想着教师，为他们的专业发展搭建平台。学校不是与世隔绝的桃源，校长也不仅仅是教学者和管理者，他们必须走出校门，跨进社区，融入社会，走向媒体，从多方位、多层面赢得社会支持。正是在这种与社会各界的多方面联系中，校长进一步拓宽了办学思路，巩固了办学特色，打造了学校品牌，宣传了学校形象，从而形成良好的内部和外部办学环境。

3. 提升团队建设能力

抓好学校领导班子和教师队伍的建设，明确团队目标与愿景，形成和谐的团队氛围。校长要吸引教育行政人员、专家、教师、学生、家长等多元主体的参与，共同促进教师专业成长。校长要促使自己成为学习型校长的典范，在引导教师发展的过程中不断实现自我反省，校长要有容人之雅量，用材之胆量，育才之耐心。将威信高、能力强的干部及时推上重要岗位，放手大胆地让他们挑大梁，形成团结向上、务实高效的领导班子，带动全体员工打造一个"团结、务实、敬业、高效"的卓越教师团队。

4. 提升执行力

执行力就是按时保质保量完成工作的能力，提升执行力重在落实，它需要严格的制度保障、有效的评价措施激励。它需要领导班子带头，中层干部不折不扣执行。它需要各部门有机协调，通力合作。它需要积极向上的外部环境和永不言败的内在动力。它需要明确的方向、认真的态度和注重细节的习惯。总之，一个成功的校长，要有强烈的使命感、责任感，始终保持着敏锐的思考力，高瞻远瞩地思考学校问题，准确地分析问题、研究问题，提出激励人心、切实可行的目标，制订出符合学校发展的战略规划，促使学校朝着高远的目标前进。

二、提升校长领导力的方法

1. 注重倾听

放下校长的架子，走向教师这一群体中去。作为一名校长，首先要和自己的被领导者建立和谐的上下级关系，要关注教师的生活情况，要第一时间了解教师的需要。这些教师的需要来自哪里，来自于校长的观察、来自于校长的倾听，不管哪位校长都曾经是一位一线的教师，几年的校长经历后是否还记得自己作为青年教师时候的快乐和苦恼？是否还记得作为一家之主的责任和埋怨？是否还记得作为教师的自己还有一群愿意交流谈心的同事？而今你是否还有那么一群曾经的同伴愿意和你交流、愿意和你唠叨生活琐事、愿意给你出谋划策？如果你反思到了这点，你该到群众中去，好好去倾听大家的需要，让被领导者感觉到你时刻和他们在一起，这样的校长才会被尊重，这样的校长才会树立无形的威信。

2. 关注课堂

学校的校长都是来自曾经的优秀教师，而今做了校长以后，你是否还是一位优秀的教师？你还能每周上一节满意的课、每学期上一节优秀的课吗？你能否还能在教师面前放下架子上课？学校的教育是学校发展的生命，而今你已经离开课堂，离开学生，你还能在教学工作上有什么威信和权威呢？校长除了自己一直是教学工作的权威者，更要是指导和引导学校教学工作的权威者才行，因此，校长要时时走进学生、关注课堂。

3. 虚心学习

"学而知不足，做而知困。"校长要有做不完的事情，才能充满幸福感、充满挑战欲。校长要丰富自己的学识，才能有充分的能力去管理、去决策、去沟通。这样的学识来自于书本、来自于生活、更来自于实践。

4. 勇于创新

创新是永恒的话题。一个校长的职权履行了一两年后就必须去反思,"一年一个样、三年大变样"这是各行业都可以采纳的口号,作为领导者,怎么构建、怎么实施都必须胸有成竹,如果学校几年没有改变,你是否该思考一下自己的决策和方法?为此,校长要具有广阔的胸襟,不计较得失,更要具有明察秋毫的洞察力,能够把握关键问题,注重细节,"阳光表扬、严厉批评",找准问题的突破口,带领自己的团队迈向成功的一步,在困难面前永不言败。只有这样,才能树立自己的威信,提升自己的领导能力。

第四章　打造校长的个人品牌

21世纪是一个讲求品牌的时代。美国管理学者华德士指出:新世纪的工作生存法则就是建立个人品牌,建立品牌已经不仅仅是企业的需要了,个人要想在职场竞争中稳操胜券,也必须打造个人品牌,即具备精深的专业技能,独具特色的工作风格,别人不可代替的价值。对于校长来说,打造好个人品牌不仅有助于个人专业的发展,更能推动学校事业的发展。

校长的个人品牌是指校长在学校管理实践过程中所应培养和习得的、在工作中应具有的、有鲜明个性的能力和品行。从某种意义上讲,校长的个人品牌就是管理能力加个人人品。

很多校长往往没有意识到个人品牌的价值,原因很简单,他们通常不认为自己也是品牌,这样的校长既缺乏自我建设的意识,又缺乏自省的意识。

对校长来说,打造个人品牌的过程便是校长实现个人成长的过程,也是校长个人价值增值的过程。在这个过程中,校长个人的综合能力得到了提升,形成了自己独特的管理方法与艺术,个人的人格魅力也得到了广泛的认同和赞誉,这一切都使得校长个人在学校管理的岗位上更具有竞争力。

从学校外部来说,校长的个人品牌一旦形成并通过学生家长被社会广泛认同后,它产生的巨大品牌效应将为学校的发展赢得非常有利的社会舆论氛围，从而产生某种巨大的、无形的推动力，使得学校的生源、办学资源、发展空间和机会都得到改善，并走上良性循环的轨道。

从学校内部来看，校长的个人品牌一旦形成并被学校教职员工所认同，学校发展便获得了强大的内部凝聚力。校长的个人品牌对学校的教职员工还具有强烈的示范性，在校长的示范和感染下，教职员工也将注重个人品牌的打造，并从中获得个人综合素质的提升和个人价值的增值，实现自身专业发展，学校师资队伍的整体实力最终也将得到提高。

校长该如何打造自己的个人品牌？

1. 准确定位。校长打造个人品牌，首先要进行"品牌定位"。要弄清几个问题：你想要成为什么样的校长？你的工作有价值吗？你有价值吗？校长的个性不同，个人的品牌定位就不同。校长要找出自己的特点：别人认为你最大的长处是什么？最值得人注意的个人特点是什么？你自己最大的不足是什么？校长还要把自己的个人品牌的建设与学校的发展目标结合起来，你要建设一所什么样的学校？你的个人品牌对于打造这样的学校有无帮助？校长还要考虑全校教职员工的感受，你的个人品牌能否容易为教职员工所接受？总之，校长打造个人品牌既要把自己的个性展现出来，又要实事求是，符合自己和学校的特点。

2. 不断学习。校长的个人品牌是建立在高水平的个人业务技能上的。要不断学习新知识、补充新内容，完善自己的知识结构，练就新的工作技能，保持自己在知识、技能领域的青春和活力。特别要注意增强对学习内容的针对性和知识内容的选择性，要围绕自己个人品牌的定位来加强相关知识的学习。一般来说，现代的校长必须时刻注意教育科研的前沿动态，及时补充学习新的教育理论，保持自己教育理念的与时俱进，还要注意研究和掌握现代管理理论的变化和管理实践活动的创新。

3. 注重修养。校长在打造个人品牌时，要注重自身修养，讲究职业道德和个人信誉，注重仪表仪态和谈吐，塑造个人良好形象。个人的品牌是一种文化的积淀，是一种文化力，因此，校长的人生观、世界观、价值观都应该处在一个较高的层面上，并持之以恒地形成一种基于文化的亲和力和感染力。

4. 创造特色。没有特色的品牌不具有生命力，也无法成为真正的品牌。具有鲜明特色的个人品牌更易为他人接受、认同和理解。所以校长要打造好自己的个人品牌，必须要有鲜明的个性，必须要在特色上下功夫，而要打造特色必须懂得创新，唯有创新才能创造品牌和保持品牌。一个人云亦云、亦步亦趋的校长是不可能树立起自己的个人品牌的。校长还要明白，如果为了试图取悦所有的人，而模糊了自己个人品牌的定位，最终也将无法打造自己的品牌。

5. 讲求忠诚。个人品牌讲究持久性和可靠性，更要有忠诚度，这样才能赢得信赖。要打造自己的个人品牌，校长要忠诚自己的事业，忠诚自己的学校，全身心投入到学校的管理工作中。工作是表现个人品牌最直接的方式，它同时也体现了校长积极向上的人生态度。校长要清楚自己的身后有几十、几百甚至数千双眼睛看着自己。你忠诚事业的榜样的力量将是无穷的，将激起全校教职员工们干事业的热情。校长不光要对事业和学校忠诚，还要忠诚于自己的教职员工。校长无论做什么事，都要言行一致，表里如一，对同事要坦诚相见；对上级要忠心耿耿，对下级要一视同仁，这样便能赢得广泛的信任。校长要知道，全校的教职员工才是你成就事业真正的帮助者、支持者和后援团。

6. 唱响品牌。校长的个人品牌打造同样离不开包装和宣传。唱响品牌是校长打造个人品牌不可缺少的外力。校长包装和宣传自己个人品牌不能为了树立绝对权威而搞个人崇拜，校长可以把自己个人品牌的包装和宣传与履行职责、实现学校发展的任职承诺结合起来。在承诺中宣传自己，唱响自己的个性之歌。但是，过分包装将会适得其反。

第六讲　中小学办公室管理策略

第一章　中小学办公室管理策略概述

　　中国人民大学纪宝成校长曾将学校办公室比作"运行枢纽、神经中枢、形象窗口"。办公室在学校管理中应该承担对内对外的接待服务、部门管理的统筹协调、文件会议的管理筹备、人事劳资的登记管理、安保收发的综合治理、学校政令的督办落实和领导决策的参谋助手等七大职能。在具体实践中，中学办公室的工作千头万绪，事务纷繁复杂，各项工作只有做到有章可循、规范有序，才能提高工作效率，充分发挥好办公室的各项职能作用。也就是说办公室是学校的综合服务部门，是保证内部及上级部门政令上传下达畅通的枢纽部门，是桥梁、是核心、是参谋、是助手；是参与政务、搞好事物、做好服务的部门；以及要协调内外，联系上下，落实、把关、督办、催办等等，同时也是展示、宣传学校形象的窗口部门。为此，必须加强办公室的规范化建设，以提高办公室的管理水平，为学校发展保驾护航。

　　根据中小学办公室管理的实际需要，我们认为可以通过定位管理文化、完善管理制度、创新工作机制、优化工作模式、规范工作程序、提升人员素质等方面加强办公室规范化建设。

一、定位管理文化

　　管理植根于文化之中。任何组织的有效管理都需要文化的引领。故办公室的规范化建设应该首先从定位办公室的管理文化开始。中小学办公室管理文化的定位需要管理者综合考虑办公室的自身职能特点和本学校的管理理念与发展方向，并结合管理者自身的管理思想科学地确立办公室的管理理念、工作原则和发展目标。

办公室的管理理念可根据学校的办学理念、发展方向，结合自身对学校办公室工作职能的诠释而制订。

管理理念如："着眼全局，专注细节；严管善待，事事规范；高效务实，力争卓越；执行到位，协调服务。"

工作理念如："尽我所能，想您所想；换位思考，快乐工作。"

办公室应努力建设一个"五有一化二型"即运转有序、服务有方、协调有力、督办有效、参谋有识的规范化、学习型、服务型办公室。

二、完善管理制度

制度是一种规范，一种期待，也是一种保证。完善了制度，做到有章可循，才能避免工作盲目性，使工作更加规范。因此，建立健全科学的管理制度体系是加强办公室工作规范化建设的有力保障。

下列基本制度是做好办公室工作所必须制定的：办公室人员的岗位分工、责权划分；人事劳资管理制度、公文传阅制度、综合治理条例、会议场所和公车使用申报制度、决策落实督办制度、信息调研反馈制度、接待慰问相关细节管理规定、出勤考核制度等。

三、创新工作机制

创新是一个民族的灵魂，是一个国家兴旺发达的不竭动力，创新是促进事业发展的源泉。工作机制的创新是办公室管理者综合素质和能力的体现，更是加强办公室规范化建设、实现办公室管理水平特色化提升的突破口。

办公室要始终把解决实际问题、提高工作效率作为创新工作机制的出发点和落脚点，根据自身的实际情况和特点设定，在工作中发现问题，办公室工作人员要一岗多能，每个人都能承担2～3个岗位工作，把三个岗位分为A岗、B岗、C岗，因分工不同，要求A、B、C三个岗位工作人员要相互交流熟悉其他岗位工作，在任何一个岗位人员不在的情况下，可以互相替代其工作。比如A岗不在，B岗和C岗可以代替其完成工作。这样既节省了人力资源，又有效地培养了办公室人员的团队合作意识和业务能力。对于提高办公室工作实效具有非常重要的意义。

四、优化工作模式

所谓工作模式就是一种工作惯例，它的确立有利于提高办公室工作的效率和规范化程度。但工作模式的相对稳定性也使得它在面对办公室工作的多变性特点时遇到了必须不断优化和自我完善的挑战。

认真分析办公室不同类型工作的性质和特点，选择不同的工作模式，以确保各类工作高质、高效地完成。如行政事务——岗位式工作模式，即公文起草、文秘接待、人事劳资、公车使用、档案管理、会议筹备、安保收发、督办落实等常规行政事务定岗定责由专人负责管理，按照规定程序严格规范办理。参谋辅政——调研式工作模式，即办公室工作人员多下基层，倾听群众心声，通过问卷调查、短信互动、反馈信箱和座谈走访等形式掌握真实情况，并科学分析调研结果，及时高效地撰写成调研材料，为学校领导的决策提供有价值的参考。大型活动——团队式工作模式，即每有现场会、开放日、大型比赛等大型活动时，办公室即牵头打破原有部门和岗位的限制，组成临时专项工作团队，通过设计科学规范的工作流程，明确岗位职责，专事专办，以提高整体工作效率。

五、规范工作程序

工作程序实质上是工作制度的具体化，按照所制订的工作程序去做，会使各项复杂的工作变得更具有条理性。因此规范办公室常规工作的工作程序，就成为加强办公室规范化建设的重要措施。

"一切按规矩办，一切放在明处办，公事公办，急事急办"，这也是办公室的工作原则。办公室的职责要求我们决不是按个人的好恶、关系的亲疏来处理事情，而是必须按规矩办事。

要保证一个学校工作有序、有效、协调地运转，唯一的办法就是大家都要按规矩、按制度办事。办公室必须主动协助领导规范工作程序，完善工作制度。所谓一切摆在明处干，是指对不涉及保密问题的工作处理，都要按规定同各方商量，坚持公开、透明的原则；所谓公事公办，是指办事要公道、正派，该给人家办的事，要赶快办，不要老让人家求你。

要把学校各种常规性工作具体化，汇总成常规工作（月）一览表，包括接待工作流程、发文及文件传阅流程、大型活动、会议准备程序、会议场所及公车使用申请程序、日常会议、大事记录模板、人事关系调入转出程序、安全隐患排查申报程序等。

六、提升人员素质

办公室所有工作的完成都有赖于办公室工作人员素质的提升，人的素质决定了工作的质量。故提升办公室人员素质，就成为加强办公室规范化建设的关键。

在实践工作中，办公室工作人员必须具备三条基本素质：

1. 服务意识。就是让服务对象满意的意识，主动和超前服务的工作态度。主动服务要在"早"字上下功夫，要做到提前思考。要在"快"字上下功夫，追求工作效率；要在"好"字上下功夫，体现在优质服务上，树立精品意识，求真务实。遵循办公室理念"尽我所能，想您所想"，一切工作都是为了服务，任何一项服务都要从服务对象出发，必须尽心尽力。

2. 业务能力。业务能力主要是在实际工作中，通过不断的积累建立培养锻炼出来的，办公室工作直接面对全体教师，对他们提出的问题能够给予满意的答复，能够以最快的效率把问题解决好，这都对办公室人员的业务能力提出了更高的要求。

3. 人格魅力。要胸怀大度，一要容言，能容逆耳之言，沉得住气，还得咽得下气，不能一听到难听的话就发火，来脾气，更不能口无遮拦，胡说、乱说。二是要容人，尊重别人的个性，容他人之短，多修炼自己，克制自己。三是要容事，能容他人失误之事，大度一些。

为切实提高办公室工作人员的素质，必须从服务态度、仪表、言行严格要求。并通过理论学习、业务培训、岗位练功、考核评优、自我反思等方式不断提升办公室工作人员的整体素质，打造办公室窗口示范形象。

总之，中小学办公室只有通过加强自身的规范化建设，才能不断提高管理水平，适应新时代条件下中小学改革发展的需要，在学校管理体系中发挥越来越重要的职能作用。

第二章　名校办公室管理制度参考

本章内容参考东北师范大学附属中学明珠学校办公室管理制度。

教职工工作纪律管理条例（试行稿）

一、大型会议考勤制度

1. 要求全校教职员工准时参加全校大会。因病因事不能参加者，须本人书面申请，由主管领导签字后提交办公室备案。

2. 会前必须签到；会中不得无故退场；会议结束前10分钟年级主任、处室主任核对到会人员名单；次日办公网公示未参会人员名单。

3. 无故缺席全校大会者，扣发本人年终奖当月份额。

二、教职工坐班管理制度

1. 男55岁、女50岁以上的教职员工可弹性坐班。坐班时间：上午8：00～11：00；下午2：00～4：30。

2. 其他教职员工原则上坐班。坐班时间：上午7：40～11：30；下午1：40～4：55。

如有特殊情况，须在学期初向校办提出申请，经校务办公会讨论后，学校公示，再享受弹性坐班。

3. 教职员工坐班情况由年级主任或处室主任监督检查，每月统计检查情况上报主管领导，随考勤表报学校办公室存档，作为教职员工评优晋级的重要参考。

三、教职员工请销假制度

本制度适用于教职员工病假、事假、特别假期（婚假、丧假、产假等)、外出工作(因公外出、出差)等请销假管理。

1.请假1日内,须经所在年级主任或处室主任批准;请假2~3日内,须经主管副校长批准;请假3日以上,须经校长批准;中层管理人员须向主管校领导请假,校领导请假须提请校务办公会通过。

2.教职员工请假须事先按规定填写"教职员工请假卡"(可在校内网下载打印)并附相关证明,到指定审批权限主管处请假。权限主管根据工作情况安排好请假期间工作交接,主管有权适当调整假期。如遇特殊情况不能当时、当面请假,须电话或他人代请,假后补办。

3.病、事假1~3日的教师、职员、工人,须将"教职员工请假卡"提交年级或各处室考勤干事处,教师要将缺代课情况上报教务干事;病、事假3日以上及所有的特别假期和外出工作,须将"教职员工请假卡"提交到办公室人事干事处,按规定做好相关薪酬调整工作及相关事宜。

4.假后,请到相关审批人处销假。公出者凭销假证明及会议通知(省外须校长签字,省内须主管副校长签字)到财务报销。

5.教职员工旷课或旷工一天,扣年终奖当月份额;旷课或旷工三天(全年累计)以上,给予全校通报,不能参加本学年职称评聘和评优,并取消年终奖。

四、违纪处理办法

依据国家《教师法》、《教师资格条例》及省市教育行政部门颁布的《奖惩办法》等相关法律法规,制订本校教职员工违纪处理办法。

1.有下列情形之一,一经查实,认定为违纪。

(1)有违背党和国家路线、方针、政策言行的。

(2)参与黄、赌、毒、封建迷信及邪教活动的。

(3)隐瞒事实,弄虚作假,骗取荣誉、职务、职称、待遇和其他利益的。

(4)体罚或变相体罚学生,歧视、侮辱学生,对学生进行精神伤害的。

（5）有偿补课办班，加重学生负担，损坏学校声誉的。

（6）因工作不负责任，渎职、失职，造成危害的。

（7）利用职务之便，乱收费，索要或变相索要学生和家长财物的。

（8）其他明令禁止的。

2. 对违纪教职工的处理办法如下：

（1）情节较轻，并及时改正的教职员工，职称降级聘用，一年内不能评优晋级。

（2）情节较重，多次违规的教师，取消教师职务，不再聘任教师岗位。

（3）情节特别严重，在社会上对学校造成恶劣影响的教职员工，上报教育主管部门，取消其教师或职员资格，并予以辞退。

3. 对违纪教职员工的举证、查实情况及最终处理意见，须经校务办公会通过生效。

教职员工请假管理办法

为保证学校教育教学工作正常运行，使教职员工请假管理有所遵循，经校务办公会研究决定，全校教职员工请假事宜按以下管理办法执行。

一、请假和请假类别

教职员工在正常出勤日或在正常工作日内因公、因私、因事、因病等情况下确实不能出勤或必须离开学校时应按规定请假。

根据请假性质可分为以下几类：（1）病假；（2）事假；（3）特别假期（包括：婚假、丧假、产假等）；（4）外出工作（包括：因公外出、出差）。

二、请假审批权限

（1）请假 1 日内，须经所在年级主任或处室主任批准。

（2）请假 2～3 日内，须经主管副校长批准。

（3）请假 3 日以上，须经校长批准。

（4）中层管理人员须向主管校领导请假，校领导请假须提请校务办公会通过。

三、请假手续

1.申请并做好工作交接

教职员工请假须事先按规定填写"教职员工请假卡"并附相关证明，到指定审批权限主管处请假。权限主管根据工作情况安排好请假期间工作交接，主管有权适当调整假期。如遇特殊情况不能当时、当面请假，须电话或他人代请，假后补办。

2.备案

（1）病、事假1～3日的教师、职员、工人，须将"教职员工请假卡"提交年级或各处室考勤干事处，教师要将缺代课情况上报教务干事。

（2）病、事假3日以上及所有的特别假期和外出工作，须将"教职员工请假卡"提交到办公室人事干事处，按规定做好相关薪酬调整工作及相关事宜。

3.销假

假后，请到相关审批人处销假。公出者凭销假证明及会议通知（有领导批示的）到财务报销。

四、违规处理

无请假或未按规定请假而未出勤或擅自离开工作场所将被视为无故缺勤（即旷工或旷课）。

教职员工旷课或旷工1天，扣本月全勤奖；旷课或旷工3天（全年累计）以上，给予全校通报，不能参加本学年职称评聘和评优并取消年终奖。

如不履行备案程序，由此导致的后果由当事人自己承担，如：代课者不给代课费，外出者不给办理报销手续等等。

为使上述管理落到实处，请所有校内人员严格遵章办事，请各层管理者严格把关，请考勤干事须每月如实填报考勤表，教务干事如实填写缺代课情况，人事干事定期汇总报告。

校务公开制度

为加强学校民主政治建设，保障教职员工参与民主决策、民主管理和民主监督的权利，履行学校校务公开的义务，增加校务的透明度，依据有关法律、法规的规定，结合我校的实际，制订本制度。

一、学校在进行教育教学活动和实施管理过程中所产生的事务及其有关信息属于校务公开的内容。

二、校长是校务公开的主要负责人，学校遵循合法、及时、真实和公正的原则，不得泄露国家秘密，不得公开法律、法规禁止公开的其他事项；不得损害学校的合法权益；不得侵犯他人隐私。健全和完善教职员工代表大会制度，充分发挥教（职）代会在校务公开工作中的主渠道作用。

三、校务公开的内容

1. 学校向本校教职员工公开以下校务（凡向社会公开的校务，都要同时在校内公开）：

（1）学校重大事项的决策和执行情况，学校规章制度的制订和修改情况；（2）学校的年度工作计划及其执行情况；（3）年度资产管理和资产变动情况；（4）学校每学期经费收支情况（收入部分必须包括财政拨款、各项收费收入、接受捐赠收入、租金收入等，支出部分必须列明具体项目及开支款额）；（5）课时补贴、考勤与酬金发放情况，各种社会保险、辅助保险等与教职员工切身利益有关的事项；（6）学校行政管理干部的选拔任用，教职工提薪、晋升、聘任的条件、程序和结果；（7）教职员工年度考核和评优、评先的条件、程序和结果；（8）大宗物资采购、成套或贵重设备购置、大额度资金使用情况；（9）学校领导干部和党政工作人员遵守廉洁自律规定的情况和民主评议情况；（10）校舍建设的立项、工程招标、建设进度和验收结算情况；（11）学校教职员工实行计划生育情况；（12）外出（含出国出境）

学习考察、培训及有关费用支出情况；（13）承诺办理的事项及其完成情况；（14）学校的资产管理使用变动等情况；（15）按上级有关规定应当公开或上级教育行政部门要求公开的其他内容。

2. 学校向学生及家长和社会公开以下校务：

（1）学校领导机构、班子任期目标、学校发展规划；（2）学校学年或学期教育改革目标、教学计划及执行情况；（3）学校进行教育教学和管理工作的有关规章制度；（4）学校的招生计划以及招生录取工作的程序和结果等；（5）学校的收费项目、收费标准、收费依据、收费范围、计费单位、批准收费机关及监督电话；（6）学校接受的各项捐款、赠物及其管理使用情况；（7）教职员工招聘条件、程序和结果；（8）学校重大突发事件和处理情况；（9）学生学杂费的减免条件和减免结果、学生干部的选拔任用情况和学生的评先、评优、违纪违规处分情况，但不得违背对未成年人权利保护的有关法律规定；（10）按上级有关规定应当公开或上级教育行政部门要求公开的其他内容。

四、校务公开的形式

1. 设立固定的公开栏、宣传栏等。

2. 定期召开教职员工代表会议。

3. 在内部资料、校刊、广播等校内媒体发布。

4. 运用校园网。

5. 定期召开家长代表、学生代表会议。

6. 向社会公开的校务除以上形式外，还可采用发送书面通知、信函或通过新闻媒体发布等形式及其他便于教职员工和社会知晓的形式。

五、校务公开的程序

1. 由校务公开领导小组确定，并经校长（或其指定的负责人）签字确认后，在校务发生的 10 个工作日内予以公开。

2. 按规定应提交教职员工代表会议审议通过，在正式公开前提交教职员工代表会议审议通过。报请主管部门确定校务的性质和密级，在性质或密级确定后，发生的 7 个工作日后，依照保密法律法规规定的期限和程序处理。

3. 涉及教职员工的切身利益，关系学校整体利益、影响学校发展，或者可能产生重要社会影响的校务在正式决定前，实行预公开，职能部门将拟决定的方案和理由向教职员工公布，在充分听取意见后进行调整，再作出决定，并正式公开。

4. 规范管理，不断提高校务公开的质量和水平，做好校务公开材料书面或电子文本的收集、整理和归档工作，每学期汇总一次。

六、校务公开的监督

学校接受上级教育行政部门和教育工会组织的检查、指导和监督。同时接受学校校务公开监督小组、教职员工和家长的监督评议活动，听取教职员工对校务公开工作的意见，及时纠正和调查处理违反规定或失当行为，并向投诉人通报处理情况，或向社会公布处理结果。校务公开监督小组对本校的校务工作进行监督，定期对校务公开工作进行检查和评议，并及时将检查和评议结果向有关人员和组织通报，同时报告上级纪检监察部门和教育工会。

行政例会管理规定

为了加强民主管理，发挥学校管理队伍的民主决策能力，提高学校行政管理的科学性和执行力，特制订学校行政例会管理规定。

1. 学校行政例会的出席对象为中层及以上管理干部。

2. 学校行政例会由校长主持召开。

3. 学校行政例会对学校教育教学、人事、财务、校综合治理等工作进行研讨，对学校各部门的工作进行布置、检查和汇报，对阶段性工作进行布置，组织实施。

4. 学校行政例会讨论、研究的问题，由校长决策，分工实施。

5. 学校行政例会的决议或作出的决定必须按时、按质、按量完成，提高办事效率。

6. 学校行政例会每周召开一次，如果因特殊情况召开时间或地点变动，由校办通过短信提前通知，无通知则会议正常。学校行政例会的召开时间将根据学校管理需要定期调整，调整时将有办公室统一通知。

7. 全体参会人员必须按时出席，不得无故缺席，因事、因病不能出席须履行请假手续，中层领导向主管校级领导请假，校级领导向校长请假，并电话通知办公室。

8. 学校行政例会重要议事内容由办公室主任做好会议记录，存档备查。

9. 对未能出席会议的同志由分管领导负责做好传达工作，催办行政例会决定的执行。

10. 学校行政例会出勤情况和会议决策执行情况，将作为管理干部履职考核的参考指标。

学校公章管理、使用规定

为规范学校公章的管理，防止管理上出现漏洞，保证公章的可信度和学校声誉，针对我校教职员工和学生办理各种证件、手续等事宜，学校对公章的使用作出规定：

1. 学校公章只限在校办使用，如因特殊原因需异地用印时，公章管理者必须亲自带章。

2. 学校教职员工办理相关证明材料用章，需由具体事务负责人出具证明，并由校长批准签字。

3. 学生办理学生证（包括补办）、介绍信、毕业证和升学档案材料时，必须持班主任、年级主任证明，并经校长签字或同意，方可盖章。

4. 毕业生推荐表、成绩单等，必须有校长批准签字，方可盖章。

5. 凡涉及体育、艺术特长生资格审查、认定的证件，必须由教练员、体育、艺术组学科主任证明，并经校长签字或同意后，方可盖章。

6. 学生因出国办理在学证明、成绩单等，需持班主任、年级主任和学生处出具的证明材料，并将所需办理材料一起交校办盖章。

上述规定未尽事宜，必须由校办向校长请示后，方可用章。

对外接待制度

本着热情、周到、节俭、廉政的精神，为进一步规范学校的接待工作，切实提高接待工作的效率和水平，全面展示学校良好的精神面貌，特制订本制度。

一、接待原则及要求

1. 归口管理原则

（1）行政系统来访的上级机关、兄弟学校或涉外来宾和有关单位直接与学校联系工作的客人或学校邀请的客人，由校办公室负责牵头、有关单位配合，共同做好接待工作。

（2）有关部门、学科省市集体备课和教研活动来访的接待工作由对应部门、学科负责。

2. 对等对口接待的原则

（1）根据宾客的身份、来校目的和具体要求，本着统一标准，对等对口接待的原则，分工负责。

（2）有关部门、学科负责的接待工作，确需邀请学校领导出席的，必须提前三天与办公室联系，由办公室负责统一协调。

二、接待程序

1. 办公室人员接到上级部门、兄弟学校来访的来函、来电及校领导的指示后，要弄清来宾的基本情况：单位、人数、姓名、性别、职务和使命、抵离时间、乘坐交通工具及车次或航班，及时通报校办分管主任。

2. 校办公室分管主任根据来宾情况，指定分管接待工作的同志做好《学校来宾接待工作安排表》，提出接待意见：接待人员、规格、方式、安排、费用预算，及时报告主管校领导，听取校领导对接待工作的指示。接待人员要将接待计划与来宾联系人沟通，取得一致意见。

3. 重要接待、重大活动，由主任请示校领导审定并主持召开协调会确定接待计划。

4. 校办负责接待的同志要根据具体接待工作安排表的要求逐一协调落实各项接待准备工作。

三、有关单位职责

学校牵头接待或承办的重大活动，校办公室根据具体情况请示有关校领导后协调进行安排接待。

1. 联系网络中心负责做好宣传报道和摄影工作，包括根据需要打开电子屏滚动播出相关欢迎语、准备接待现场的麦克、投影等多媒体设备和来宾在校活动的摄影、摄像及外网新闻制作等。

2. 联系研究室做好宣传资料准备工作，包括学校画册、喜报、科研成果集等，按照来宾人数或相关接待要求准备对应份数，派人在接待会场摆好。

3. 联系教务处做好教学交流准备工作，包括确定和通知上课或参与交流的教师、上课题目、上课班级、地点等，同时负责做好相应听课和交流会场的卫生、设备等的布置工作，若所听课程不止一节且不在同一场地，还应安排专人进行引领。

4. 联系学生处和年级做好学生管理和班级及对应走廊的卫生美化工作，包括听课班级学生的动员工作和相关学生活动的准备工作。

5. 联系总务处做好学校公共场地和功能教室的卫生保洁工作，以及小礼堂、多媒体教室、体育馆等会议和参观场所的会场保洁工作。

6. 根据接待具体安排，若有需要还应提前通知食堂做好卫生和客人就餐的准备工作。

7. 根据需要，突发、应急接待工作可临时协调布置，请有关单位予以配合。

四、其他接待事项

1. 迎送：上级部门来宾一般要接送站，重要来宾根据需要确定。

兄弟院校除校级领导外，一般不安排接送站。

（1）迎接安排。按抵达时间，派人派车迎接。

（2）送别。根据客人意见，预定车、船、机票，联系有关领导话别送行，派人派车送至车站、码头或机场。

2. 住宿：根据来宾身份、人数、性别，预订招待所或宾馆。接待上级单位来我校指导工作的副厅级以上（含副厅级）的领导和学校邀请的来校进行学术交流的专家以及兄弟院校校级领导可以安排套间，其他一般安排标准间。房费原则上由来宾自己支付，特殊情况，经校长批准，可由办公室支付。

3. 就餐：安排好伙食标准、进餐方式、时间、地点，本着节约的原则安排。需要宴请的贵宾，应经校办主任批准。宴请应严格控制陪餐人数、用餐标准及供酒规格。

4. 用车：办公室牵头接待的客人，其用车由办公室负责安排，其他客人的接待用车由牵头单位自行安排。

5. 会见、会谈：对上级检查，安排汇报、座谈会。根据对等原则，邀请相应的校领导和部门负责人参加会见、会谈。

6. 参观考察

（1）校内的参观由校办或相应领导陪同进行，具体执行路线可以根据需要适当调整。

（2）校外的参观考察，本着节约的原则，根据来宾要求和工作需要，经校长批准后安排相应的市内或省内参观考察。

7. 接待人员要求：着装整洁大方，主动、热情、礼貌、遵守纪律，服务周到，使客人感到热情、周到。廉洁奉公，严格执行请示报告制度，不自行其是。做好接待工作有关资料的整理、存档工作。

报刊、信件收发管理规定

为规范学校的信件收发程序，保证在校师生的报刊、信件正常送达，提高运转效率，特制定此规定。

1. 学校收发室是全校公用报刊、信件、外来包裹、汇款和各种报刊、杂志收发的总窗口。

2. 为搞好收发工作，收发员要负责全校学生和各处室、教职员工报刊、挂号信件、汇款、公文、快递、包裹等的签收、登记工作。

3. 收发员要认真负责，坚持原则，主动热情，各办公室和订阅的报刊要当日送报上门。

4. 收发员对特快邮递、挂号、包裹等要件，要登记造册，做到报纸、杂志、信件、汇款单、包裹等无丢失，无差错；特快专递邮件及时通知收件人或收件单位，当日处理。

5. 收到邮件后，收发员应首先核对邮件是否完整，如不完整务必请邮递员出具证明，必要时由当事人核实，确定无误方可签收。

6. 重要邮件原则上不得过夜，因特殊情况没有及时领取的，应妥善保管。

7. 各部门及个人去收发室领取邮件均在窗口办理，领取寄发邮件要当面清理，离开收发室后，邮件若有遗失，责任自负。

8. 根据中华人民共和国邮政法及邮政部门的有关规定，汇款超过60天，包裹、信件（包括特快专递、挂号信、快信）超过30天未领取，退回邮政部门处理。

9. 无关人员未经允许不准进入收发室。

10. 工作时间：周一至周五中午11：10～13：00。

介绍信管理规定

为了规范学校介绍信的开具流程，确保学校的名誉和利益免受侵害，特制订本制度。

1. 学校办公室受学校行政委托管理介绍信的开具。

2. 学校行政介绍信由办公室指派专人负责保管。管理人员要严格执行介绍信管理制度，开具介绍信要亲手操作，要坚持"朱在墨上"的原则，不得在空白介绍信或空白纸上盖印，让他人带走使用。

3. 介绍信必须存放在牢固加锁的保险柜中，管理人员在使用介绍信后要严格保管。

4. 介绍信在使用时要遵循部门领导批准的原则，严格履行批准手续。管理人员开具介绍信前，要检查原介绍信使用申请稿上有无部门领导人签发意见或批准使用介绍信的意见，有领导人签发意见或批准意见的，方能开具。

5. 介绍信的使用要记录在案。介绍信管理人员经审查确认合乎开具手续后，要在介绍信使用登记簿上逐项填写登记项目。登记项目包括：开具介绍信人、介绍信内容、批准人、使用单位、承办人、监印人等。

6. 管理人员在开具介绍信时，要将介绍信的内容填写明确、具体，信文与存根记载要求一致，并填写有效期限。

文秘档案管理制度

第一章　总　则

学校档案工作是学校整体工作不可缺少的环节，是提高学校工作效率和进行教改的必要条件，是维护学校历史真实面貌的一项重要内容，是评估一所学校科学管理和教学教改工作水平的重要标准之一。

为了加强学校档案工作的业务建设，逐步实现档案工作规范化、标准化、科学化、现代化，不断提高科学管理水平，更好地为学校教育、教学工作服务，完整准确地保存珍贵的历史记录，根据《中华人民共和国档案法》和《东北师范大学附属中学档案管理暂行规定》等有关规定，结合我校实际情况，特制定本规定。

第二章　职　责

第一条　贯彻执行党和国家档案工作的方针、政策及法规，建立健全档案工作各项规章制度。

第二条　维护档案的完整与安全，集中统一管理学校及上级主管部门下发的各类文件。

第三条 做好档案的收集、整理、保管、签发、装订、归档等各项工作，为学校各项工作服务。

第四条 对各类档案要做好登记、统计、分类、编目和整理工作。

第五条 严格执行安全保密制度，不得泄密。

第六条 档案人员必须熟悉所藏档案的情况，准确及时地为领导提供数据、信息和材料，认真做好提供利用工作。

第七条 所有档案根据各类的分类目录，编制案卷总目录。

第八条 调阅档案必须按规定办理手续，档案人员在向调阅者提供档案的同时，要进行登记，并请调阅者在《档案调阅登记簿》上签名，外单位来借阅档案，要经校办主任或校长批准，方可借阅。

第九条 销毁档案必须严格掌握，谨慎从事。销毁前要造具清册。提出销毁报告。经主管领导审批，并报市教委和档案局备案。销毁要严格执行保密规定，任何人不得随意进行。

本规定是学校档案工作的指导性文件，各部门和个人都必须认真贯彻执行。

学校收费管理规定

为了加强我校收费管理，规范收费行为，保障受教育者的合法权益，促进教育事业的发展，根据《中华人民共和国义务教育法》、《中华人民共和国教育法》和省、市有关收费政策的规定，结合东北师大附中明珠学校的实际制定本规定，规定内容适用于校内各部门。

第一条 学校收费管理实行"统一领导，集中管理"的体制，坚持合法、合规、公开、透明的原则，由学校收费管理领导小组统一领导全校收费管理工作。

第二条 每学期首周，由各处室主任将本学期的收费申请上报学校办公室。

第三条 经学校收费管理领导小组审批，校长签字，确定本学期学校收费标准。

第四条　在校内收费公示栏张贴本学期学校收费标准公示文件。

第五条　由各年级组织班主任按照公示标准向学生一次性收取相关费用，并统一上缴学校财务室。

第六条　校内任何部门和个人不得以任何理由向学生收取收费公示文件规定以外的任何费用。

第七条　所有收费收入必须及时、全额上缴学校财务室，纳入学校预算，统一管理和核算，严格执行国家"收支两条线"的管理规定，任何单位和个人不得截留、挪用、坐收坐支，严禁公款私存或私设"小金库"。

第八条　本规定自公布之日起执行，未尽事宜执行国家及学校有关规定。

校公务用车管理规定

根据我校《关于发放交通补贴和公务用车改革同步实行的校务办公会纪要》精神，学校取消公务用车。但属下列情况之一者，在条件允许的情况下学校办公室协调派车。

1. 外出开会的校领导往返机场用车。

2. 聘请的领导、学者来校做报告、讲演接送。

3. 内、外宾接待。

4. 长春周边会议（包括卡伦、双阳）。

5. 中考、会考取题及巡考。

6. 运动会、军训、社会实践、运动员外出比赛等大型活动。

7. 大型活动批量购买。

8. 财务室取送款用车。

9. 喜事、丧事。

除上述情况以外一律不派车，请拟用车人提前一天向学校办公室申请。

补充说明：

1. 外埠参加会议或教学活动原则上不派车。

2. 司机因违章发生的罚款和其他相关费用由司机个人承担，学校不予报销。因发生交通事故被吊销驾照并造成经济损失的，视情节给予经济处罚，严重的调离司机岗位，重聘新岗。

3. 未经许可私自出车发生交通事故，按自负责任的实际损失金额罚款，同时调离司机岗位，重聘新岗。

关于教职员工校内停车和车辆出入的规定

为满足学校教职员工在校内停车的需要，保证现有停车场地的有效利用，学校进行了民意调查，采纳了大多数有车教职员工的意见，对校内车辆管理作出如下规定：

1. 学校停车位采取模拟停车场管理方式，先到校者先停，车位停满后听从保安指挥自行将车停在校外；校内没有画车位的位置一律不得停车，否则保安有权按照本规定要求车主立即将车驶离。

2. 所有进出的教职员工车辆须听从学校保安统一指挥，将车停在车位中间，不要越线，以免影响他人停车；如有妨碍，车主有义务配合保安进行调整。

3. 为了保障校门通行顺畅，任何车辆不得停放在各个校门前，否则保安有权要求车主马上驶离。

4. 白天有外出事宜的教师请尽量将车辆停在校外，如遇突发事件外出请找保安开门驶离；地下车库车位停满后库门即关闭，临时有事外出的车主请找保安开门后驶离。

5. 为了保障学生进出安全，在晚上放学人流密集期间，即周一至周五16：30～17：00；18：00～18：20；19：20～19：35期间，教职员工车辆禁止出入校门。本条规定将在实践中根据学校作息时间的变动适时调整，请全校教职员工理解和配合。

6. 将车辆停放在校外的教职员工请提高安全意识，注意自律，不要妨碍正常交通运行。

7. 学校保安有权更有义务为全校教职员工车辆的停放提供管理和

服务，并随时接受全校教职员工的监督。

餐饮器具消毒制度

1. 公用餐具、酒具每餐必须进行消毒，炊事用具每周消毒一次，未经消毒的餐饮器具不得使用。

2. 严格执行消毒工序，切实达到消毒要求。具体消毒工序有：物理方法、化学方法、电热方法消毒工序。

（1）物理方法消毒工序

除渍—洗涤—清洗—消毒，煮沸消毒时把物品全部浸泡在水里，煮沸后保持 2 分钟以上。蒸气消毒时把物品放入蒸箱内，温度上升到 100℃ 以上，保持 20 分钟以上，感官检查为光洁、无油渍、无水渍、无异味。

（2）化学方法消毒工序

除渍—洗涤—消毒—清洗，使用氯制剂保持在 250mg/L 以上。作用时间必须保持 5 分钟以上，消毒物品必须浸泡在消毒液里，感官检查为无泡、无药味、无异物。

（3）电热方法消毒工序

除渍—洗涤—清洗—消毒，使消毒柜温度达到 120℃，并保持 20 分钟以上，感官检查为光洁、无油渍、无水渍、无异味。

3. 消毒后的餐饮用具必须贮存在餐饮具专用保洁柜内，并做到摆放有序，储存柜干燥、清洁。

4. 已消毒和未消毒的餐饮具应分开存放，并在餐饮具贮存柜上有明显标记。

5. 餐饮具所使用洗涤、消毒剂必须符合卫生标准或要求，并有固定存放场所（橱柜）且有明显标记。

6. 消毒间的环境卫生要保持整洁，并有专人负责。

第七讲　中小学教务管理策略

第一章　中小学教务管理策略概述

教务管理工作是学校教学管理工作的核心，教务管理的水平直接影响着教学的正常运行。要切实搞好教学工作，全面提高教学质量，就必须统筹安排教学资源，及时落实与完成教学任务，更要敏锐捕捉教学运行过程中的问题，为学校的发展规划与制订教改目标提供理论和实践依据，最终将全校的教学运作调控至最佳状态。

一、教务管理工作运作的程序和内容

教务管理是指教学计划实施过程中的常规教学管理，其根本任务是根据教学计划合理安排各门课程，从而科学地制订出井然有序、高质高效的教学过程，一般来讲，教务管理工作包括教学运行管理、教学例行管理和教学档案管理等。

1. 教学运行管理。中心环节是编制和执行课程安排表，关键环节是制订开课计划，将任务落实到相关教师及有关人员，并科学组织教学计划的实施，按照课程表来维护教学过程的正常运转。

2. 教学例行管理。教学例行管理主要包括几个方面：一是学生学习的管理。包括编制班级、学生手册，组织学生的复习和考试等；二是教学过程的管理。包括制订课程一览表，制订并落实学期的各项计划，全面检查教学情况和教学质量，组织观摩教学、示范教学、评优课等，总结交流教学经验，评选并表彰教学优秀人员等。

3. 教学档案管理。教学档案管理是教务管理的一个重要方面，也是教学质量管理的一项基础性工作。其主要内容包括教学档案资料管

理、教务统计管理、学籍管理，为教学管理和教育科研提供原始材料。

二、加强教务管理工作的措施

1. 努力提高教务管理人员的素质

绝大多数教务管理人员都能够兢兢业业、默默无闻地辛勤工作，并且具有较高的业务能力和教学服务意识，但随着教育教学改革和创新的进行，也存在着一些问题。如知识结构不合理、工作能力有待提高、服务意识不强、创新意识欠缺等。这种现状对教务管理工作的顺利进行无疑有较大的负面影响，教务管理人员本身应该加强学习，学校领导部门也应该充分重视并努力采取积极的措施来改进这一被动局面，从而不断更新他们的知识结构，提高教务管理水平。

2. 推进教务管理的科学化和现代化

现代科学技术的进步及学校的深化改革，势必要对教务管理模式产生重大的影响，由过去单一的管理模式变为多层次、全方位、开放性的管理模式，做到教务管理的快捷、准确和高效。传统的教务管理，是学校延续下来的整个教务管理思想、教务管理制度、教务管理内容及方法的沉积和集成，这种管理方式把教务管理看作一个静态的过程，缺乏应有的活力和创新，过分强调管理的"模式化"，忽视了教务管理人员的自主发展，与现代管理规律背道而驰。要克服这些缺点，就必须实现教务管理的现代化和科学化，突破传统教务管理的束缚，建立起一种新型的教务管理机制，实施经验管理模式、行政管理模式和科学管理模式相集成的灵活管理模式，不同模式之间扬长避短，突出其所长。

3. 建立教学管理系统

教务管理系统应能实现教务管理的自动化，实现实时信息发布，实现个性化、交互式的教学管理。教务管理系统涉及教务管理的各个环节，面向学校各部门以及学生的综合管理信息系统，系统的可移植性和可扩展性较强。用户可在多地域、任意时间段以不同身份来访问教务系统中的数据，因而大大加强了系统数据共享的能力。该系统自推入市场以来，为促进学校教务管理的科学化、规范化、信息化和顺利实施提供了有力的支持，提高了学校教务管理的工作效率和工作水平。

教务管理工作是一项目的性、计划性、规范性、创造性和科学性很强的系统性工程，是学校管理工作的核心，关系到学校教学秩序的稳定和教学质量的提高。随着教学改革的逐步深入，教务管理更为复杂化，工作量也明显增多，工作要求更高，这就要求教务管理人员要不断充实现代教育理论知识，加强与提高专业管理素质，注重对教务管理过程中出现的各种问题进行深入分析与研究，及时把握教学动态与师生状况，从而有针对性地制订必要的管理策略与有效的改革实施方案，为教学活动的顺利实施提供保障。

第二章　名校教务管理制度参考

本章内容参考东北师范大学附属中学明珠学校教务管理制度。

年级教学管理规定

学校目前执行以年级组为主、年级组和教研组并存的管理体制。作为学校的基层管理单位，年级组的教学管理工作是年级主任工作的重要内容。作为基层教学管理单位，只有明确教学管理职责，向常规管理要质量，才能取得突出效果。以下管理职责，以基本原则为主，有一定弹性，各年级可根据年级学生特点，富于创造性地工作，提出自己的管理要求，并希望在学校得以推广。

一、教学工作纪律

1. 年级负责年级教师的出勤考核，提出学年教师配置方案意见，按学校给定课时，安排课表，组织常规教学活动。

2. 年级主任不能随意变更课时，课表，学校统一的作息时间表，任课教师人员，学校研究决定的各类教学安排，如本年级有特殊情况，在请示教务处研究同意后，方可变动。

3. 教师缺勤 2 天（包括 2 天）以上，必须上报教务处，以便统筹教学人员。

4. 由学科备课组决定学生教材的使用和征订；年级主任不能擅自更改教材，如有教材变动，须由学校统一研究决定使用。

5. 每月至少组织一次教学例会，核查教学进度、研究教学问题、组织教学反馈。

6. 杜绝年级教师外出上课、集体订阅辅导材料的有关行为，严肃学科教师工作纪律。严格执行《明珠学校定制各类教辅资料的相关规定》，若学校查实年级有擅自集体订阅辅导材料的情况，年级主任、备课组长和责任教师，将分别受到处罚，不能参加评优，通报全校。

二、常规教学

1. 备课：负责检查各备课组的教学进度和教学计划；做到内容、进度、练习、批改年级各班统一。严格执行《明珠学校互助批注式备课制度》，加强备课组的建设，明确备课组的工作职责。

2. 晨读：年级根据学科特点，安排晨读时间、内容，检查教师到岗情况，并能有相应的验收措施。

3. 上课：严格执行《明珠学校教师候课制度》、《明珠学校教师课堂教学常规要求》和《明珠学校教学安全管理规定》。

4. 作业批改：根据年级学生成长特点及教学目标要求，研究作业内容、作业量的科学合理要求，严格执行《明珠学校作业批改基本要求》。年级每月负责集中抽查作业批改一次，并及时反馈。

5. 教研活动：根据学校开学初教务处的计划，开展学校大型教研活动，每学期组织至少一次本年级的特色教研活动，注意不要与学校各项活动时间重合。

6. 补课：按学校要求，安排补课时间、组织补课内容，严格收费，作好收入、支出账目，年级主任签字，学校审查。

三、考务工作

1. 命题

期中、期末等大型考试由教务处组织命题，其他月考、大练习等考试，由各年级自行命题，也可聘请其他教师命题，外请教师命题，由学校统一支付命题费。

2. 考务组织

（1）年级内大型考试的考务活动：安排监考教师、考场，召开考务会议，由主管领导参加。监考教师无特殊理由，不能替代；年级对监考不负责任的教师，应当有反馈。

（2）承担校外的大型考试如中、高考监考工作：三个年级轮流负责，轮到的年级负责安排监考考务人员，监考教师无特殊理由，不能替代。

（3）本校初三年级中考考务：教务处负责统一协调上级要求，统一汇总、查询成绩，年级安排带队教师，负责学生考前教育；组织学生复查考籍、考号，发放考试用品。

3. 质量分析

认真评卷，开好质量分析会。根据年级平均成绩，分析每班各科成绩情况；考试后，任课教师要说明任教班级成绩变化的原因，上交任教班级学生情况分析、考试质量分析和下段工作措施。年级要将各班和年级的考试成绩，交教务处存档。

4. 家长会

家长会可由年级决定召开时间和形式。一般期中、期末开家长会，任课教师要到班与家长交流。

备课组工作管理条例

备好课是上好课的前提和基础。要提高课堂教学效率，必须认真备课。备课组是学校组织教学的最基层单位，备课组工作保质保量地及时、高效完成是我校教学质量的保障。

一、备课

1. 备课组组织备课实行"三定、四统一"的集体备课。所谓"三定",即定时、定内容、定中心发言人;所谓"四统一",即统一目的、要求,统一进度,统一教学的基本要求、重点、难点,统一基本例题、练习题、基本作业题以及考核题,具体备课方式请执行《东北师大附中明珠学校互助批注式备课制度》。

2. 各备课组每周一次集体备课,每次两节课,年级组要排入课表,以确保备课的正常进行,每次集体备课要作好记录,教务处集中进行检查。

3. 每周一次的集体备课,除主备人和检查人对内容提前进行研讨外,还要在集体备课时对学生的学习情况进行及时反馈沟通,对教学难点、重点的落实重新审视定位、补救,进行二次备课,尤其要研究好学生的大练习考卷和作业情况反馈。

4. 备课组长在开学初填写《工作计划行事表》、《教学进度表》和《备课表》,交教务处备案,严格按计划组织教学。

二、学案、作业、练习

1. 各备课组要研讨好适合学生的学案、作业及练习内容,规定好作业量及批改的统一标准,并协助学校和年级做好作业批改检查。

2. 备课组要统一所有作业系列、练习系列、大练习系列的试卷题头、排好序号。

3. 每周一次的大练习试卷,备课组长要负责审查出题的质量,然后才可印刷。

三、备课组相关教学活动

1. 备课组要每学期组织一次集体备课观摩活动。

2. 备课组根据学科特点每学期可以开展1~2个主题学科教研活动

和学生活动，可以组织一次普及性的学科竞赛活动。

四、大型考试、访问

1. 备课组长要协助学校做好期中、期末等较大规模的考试的出题、批卷任务，确保大型考试的质量。

2. 备课组长要协助学校接待好相关的外来听课访问活动。

五、订阅教材、教辅材料

备课组长根据图书馆提出的书目，负责选定学期学生使用的教材，如使用省订书目之外的新教材，必须由学科组和备课组提出申请，主管校长批准，教务处备案，图书馆统一办理。严格执行《东北师大附中明珠学校定制各类教辅资料的相关规定》。

互助批注式备课制度

备课环节是课堂教学成功的基石，针对我校青年教师群体大、经验不足的特点，学校提倡整合骨干教师力量，发挥备课组整体力量，共同把好常规教学实效性的第一关。特制订东北师大附中明珠学校互助批注式备课制度。

一、备课内容——五备

备课标、备教材、备学生、备教法、备反思。

二、备课形式——互助式三轮备课

1. 批注式检查

每个备课组成立 35 岁以上教师的教案检查组，轮流负责检查本备课组主备教师首备的教案。

2. 二次备课

教案检查组教师对教案进行批注式检查，将检查结果反馈给主备教师，主备教师进行二次备课。

3. 三次备课

在集体备课时，主备教师主讲，备课组所有教师研讨，确定教案的最后内容及教法。

三、备课要求

1. 将备课任务在每学期期末放假前分配给组内教师（教案检查组教师也参与正常备课任务）。

2. 各备课组严格执行计划。

3. 集体备课每周一次，时间、地点固定。

4. 以教研为目的，统一教学要求、教学进度、作业练习，交流信息，共解疑难。

5. 集体备课不准无故缺席。

6. 备课组要在学期初向教务处提交本学期的《×××学年下学期××年级备课组教学行动指导》，包括：备课组成员、时间、地点、具体备课人排班、"批注式"教案检查组的骨干教师名单及检查顺序、练习命制人员分工等内容。

四、检查与考核

每学期进行两次全校备课抽查。

教学检查听课制度

常规教学检查是学校教学工作的重要组成部分，是学校中心工作"扎实管理"的具体实施过程。我们学校有较好的听课传统，老教师传帮带作用的发挥，青年教师的迅速成长，都是在常规教学的过程中具体落实的。希望全校教师行动起来，互相学习，共同提高。

1. 开学初教学检查，学校领导、教学专家咨询委员会成员、学科主任、年级主任听课至少12节，备课组长按周进度数听课。

2. 平时教学检查，教学领导每月听课12节，教学专家咨询委员会成员、教研组长、年级主任每月听课10节，备课组长每月听课5节。

3. 来校不满3年的青年教师，徒弟听师傅同进度的课，师傅每周听徒弟1节课，师傅的听课记录，学期末交教务处，学校按实际听课节数计入工作量。师徒不在一个备课组的，徒弟也可听同进度其他老教师的课。

4. 提倡 35 岁以下的青年教师听课；并将常规教学听课量，作为青年教师评优的重要内容。

教师课堂教学常规要求

课堂教学的有效性决定教学质量的高低，为规范教师课堂教学行为，提高学生学习效果，特制订如下教师课堂教学常规要求：

1. 上课教师自觉做到及时候课，按时上课。

2. 上课教师不得中途离开课堂或提前下课；不得压堂，下课铃响准时下课。

3. 上课所用录音机、投影仪、微机等现代化教学设备或挂图、模型等其他教具务必在课前准备完毕，并恰当使用。

4. 教师上课内容要符合备课组教学进度统一要求。

5. 上课有实效性，不讲与课堂无关的内容。

6. 讲求授课方式，加强基础知识、基本技能、基本生活经验的教学，突出重点，突破难点，注重学生的学习方式，启发式教学，因材施教，正确处理好"双主体"的关系，鼓励学生大胆质疑，重视创新训练，体现生命教育理念。

7. 教师教学基本功过硬。语言简明、准确、生动，激发学生学习兴趣；板书字迹工整，有条理，便于学生记忆。

8. 寓德育于教学之中，在传授知识同时对学生进行思想政治教育。教师不准随便串课或丢课。如有特殊情况，必须由教务处负责安排并做好记录。

9. 不得体罚或变相体罚学生，不得随意停学生的课，不得将学生逐出课堂。

10. 教师穿着整洁大方，仪表端庄；不得酒后及携带手机进入课堂；不得在教室内吸烟。

11. 如遇突发事件，应及时上报年级主任、学生处、教务处、医务室等相关部门。

常规教学质量督导制度

常规教学质量是我校持续发展的生命线，常规教学质量的管理机制是一所现代化学校的必有特征，为把好质量大关，特制订东北师大附中明珠学校常规教学质量督导制度。

一、常规教学质量有效性的三项措施

根据我校的生命教育理念教学目标，现阶段需要具体的管理机制引领教师践行生命教育。根据以上情况，教务处将从以下三方面提高教学实效性：

第一，课前备课的有效性（突破口：互助批注式备课制）。

第二，课上课堂教学的有效性（突破口：督导学案的实施与深入研究、学生课堂查课、教师课堂教学抽课）。

第三，课后作业的有效性（突破口：成立常规教学督导团，对常规教学作业量、作业质量及批改情况进行督检、指导）。

二、常规教学督导团具体工作

成立由学校教学专家、年级主任、备课组长及年级干事组成的教学督导团，调动专业的团队进行督导，使课后巩固环节更加夯实。实现教学的有效性。

1. 督检内容：

（1）互助批注式备课。

（2）督导学案的实施与深入研究及课堂教学有效性的探索。

（3）课后作业的有效性。

2. 督检频率：每学期督检两次。

3. 督检反馈：检查结果根据情况反馈给个人、年级。对好的做法在数字校园给予通报表扬。

4. 督导方式：对三个年级，以组团形式轮流督检。督导团成员分三个小组，轮流检查三个年级，每次用1～2周检查完所有内容。

三、常规教学检查督导团成员

学校专家组成员：三个年级的正主任、语文、数学、英语、物理、化学、初三年级的政治、历史备课组长、三个年级负责教学的干事。

注：（1）各年级中考学科备课组长跟随三个检查组轮流督检其他年级，不督检本年级。

（2）三个年级干事负责接待配合本年级被督检时的相关工作。

四、检查与考核

1. 认真检查，敢于发现问题，提出问题，以利改正。

2. 每次检查情况将汇总，形成文档，挂到数字校园。

教师命制试题规范

命一套好题是附中教师的基本本领，为更好地达到各类试卷命题的科学性、基础性、引领性、探究性和创新性，保质保量地完成日常教学练习、作业、考试等试卷的命题工作，特制订如下命制试题规范：

一、确立好命题原则

1. 命题坚持以学生发展为本，面向学生全体，落实基础。精选学生终身发展必备的基础知识和基本技能；坚决杜绝偏题、怪题。

2. 命题注重实际应用，知识理论与实际相结合；体现学以致用，考查实践能力。

3. 命题强调能力立意，对准中考方向。

4. 命题增强科学探究，倡导创新，灵活开放，拓展思维。

5. 命题体现道德教育，体现积极向上的价值取向，强调科学精神和人文精神。注意结合社会热点、焦点问题，以引导学生关注国家、人类和世界的命运。

6. 命题尤重科学性，没有科学性就没有了生命力。不能出错是硬条件。

二、把握好命题过程与质量

1. 确立好命题范围、被测知识的教材版本。

2. 建立命题双向细目表：知识点、所占分值、题型，确定好内容比例。

3. 试卷版式要规范。

（1）题头规范，写清是哪次考试、命题人、命题时间。

（2）题号序列规范以中考试卷为标准。

（3）图形清晰，图说统一；在题干易错之处加黑、加点。

（4）语句通顺，不要出现病句或容易引起歧义的句子。

4. 题型搭配合理，一般可与中考题型一致。

5. 难易程度合理适中，符合学生答题阶段的能力水平。一般由易到难按 7：2：1 比例设置。

6. 试卷要附详细的评分细则。

学生作业基本要求

作业是学生学习过程中不可缺少的环节，是学生复习巩固知识、反馈教学效果的重要方式。作业量的大小，作业内容的恰当，作业批改的认真程度，作业反馈是否及时，都是学生巩固环节是否有实效性的重要系数，为更好地发挥它的作用，特制订如下关于作业的基本要求：

作业范围：作业、大练习、练习、小卷。

一、布置作业要求

1. 实效性原则：教师要根据课标要求、教材内容和学生实际接受能力，精心设计与布置课业。

2. 三性原则：布置课业要有计划性、针对性、典型性。

3. 适量性原则：严格执行以下学科课业量规定。

各学科作业量

学科	语文	数学	英语	物理	化学
时间（分钟）	30	30	30	30	30
初一合计	90 分钟				
初二合计	120 分钟				
初三合计	150 分钟				

教师不得以多留课业作为惩罚学生、提高学科成绩的手段。教师不得布置机械重复和大量抄写的课业，减轻学生过重的课业负担。

二、作业方式

提倡布置符合学生身心发展的、内容丰富的各种形式的作业方式，如测试类、实验类、社会参与类作业等。

三、作业批改要求

1. 各科所留课业要根据备课组统一要求及时批改必批内容。各学科主任在教学准备周要提交各年级作业批改要求。教务处依此进行检查。

2. 大练习必须全批改。

四、作业反馈要求

1. 大练习成绩及时登录到数字校园，并及时讲解反馈。

2. 下次大练习要对上次大练习中出现的错误典型题再次测试,以便学生及时巩固。

3. 对不需批改的练习内容要安排时间讲解反馈,做到精练精讲。

4. 理科坚持"改错本"的实施和检查。

五、教务处对各年级各科作业每两周检查一次,检查结果及时反馈给年级,并挂在数字校园内部,以便大家查询。

学生学业成绩管理制度

为了规范学生学业评价周期及考核试题、学业成绩的存档使用工作,特制订东北师大附中明珠学校学生学业成绩管理规定。

1. 每学期常规大型学生测试:期中考试、期末考试,在此基础上各年级可根据实际情况提出月考申请,不得擅自安排全年级进行考试。一学期大型测试不超过五次。

2. 全校所有非毕业年级的大型考试(期中、期末等大型公共考试等)考试时间安排、出题协调、试题印刷、考试场地等工作都统一由教务处协调安排。各年级不得擅自变更考试时间、科目、场地等。毕业年级的期中、期末及中考模拟考试由教务处和年级共同确定出题人。

3. 期中、期末的考试题印刷均由教务处安排打印中心进行。打印中心负责试卷的保密工作。

4. 全校各年级的期中、期末、月考及中考模拟测试,试题电子稿及文稿教务处统一存档。

5. 全校各年级的期中、期末、月考及中考模拟测试,年级将学生成绩的电子稿及文稿保留一份,上交教务处一份统一存档,以便我校高中给学生相关政策,学生办理出国手续等查询。

6. 中考成绩由教务处统一存档。

7. 对上述考试,批卷环节由学科备课组负责,上分环节由年级负责,年级上交教务处的成绩要真实,任何教师个人、部门都无权更改。

8. 对上述大型考试，成绩要及时、准确地上传到数字校园。

9. 对学生成绩使用要真实、规范，如学生办理出国手续时，由班主任负责到教务处查询学生成绩，然后再到学校办公室盖公章。

10. 教务处对大型考试试题、学生成绩备档要有专人负责，做到保管保密，使用规范。

考务管理制度

为规范学校常规大型考试及接待性大型考试的组织管理，使学校考务工作更顺畅，特制订东北师大附中明珠学校考务管理制度。

1. 全校所有非毕业年级的大型考试（期中、期末等大型公共考试等）考试时间安排、出题协调、试题印刷、考试场地等工作都统一由教务处协调安排。各年级不得擅自变更考试时间、科目、场地等。毕业年级的期中、期末及中考模拟考试由教务处和年级共同确定出题人。

2. 年级可根据实际情况提出月考等申请，不得擅自安排全年级进行考试。

3. 期中、期末的考试题印刷均由教务处安排打印中心进行。打印中心负责试卷的保密工作。

4. 年级试题印刷完毕后交与年级保管，年级组做好试题保密工作。

5. 年级考试的监考、评卷工作由年级统一安排，教务处可帮助协调。

6. 年级考试前要召开考务会，安排考试相关工作。

7. 年级考试后要及时召开年级质量分析会，可邀请教学领导参加。

8. 在年级质量分析会前各备课组要召开质量分析会，探讨教学中存在的问题及下段整改措施。

9. 各类考试进行中都要保障学校环境清洁。

10. 每位教师都有义务承担学校大型公共接待考试，如中高考、公务员考试等。大型考试学校实行各年级轮流负责制，由负责年级提交监考教师名单，教务处统一协调，50岁以下教师监考节数应达到大型接待考试的平均节数。

校本课程管理制度

校本课程是我校国家课程体系的有益补充，是我校生命教育办学特色的有力支撑，为更好地运行校本课程，对校本课程进行有效的组织管理，特制订东北师大附中明珠学校校本课程管理制度。

一、校本课动员

在每学期的期末，教务处要求学科组放假前落实：校本课名称、开发团队，假期组织本开发团队教师进行备课。

二、校本课审批

1. 开学第一周学科组向教务处提交校本学科组本学期开设的校本课门类，开课教师申请。

2. 教务处组织专家组成员与各开课学科组进行共同审议，并进一步落实开课门类、上课内容、地点、选课年级、选课学生人数等问题。审议通过后从第四周开始开课。原则一学期开课八次，每次2学时。

三、校本课上课前准备阶段管理

1. 教务处与年级共同负责排好校本课程表。下发给上课教师。

2. 教务处负责做好上课教师开课前的动员会。讲清楚上课要求、评价要求等。

3. 年级贴好上课课表门贴。

四、校本课上课期间管理

1. 开课期间，教务处干事、年级干事要对班级缺席学生及时登录并反馈给年级主任。年级主任核实具体原因。

2. 检查教师是否有迟到、早放学等情况。

五、校本课评价

1. 学生评价

序号	评价内容	评价的具体指标	满分学分	评价等第
1	学生学习参与总量	（1）修满 12～16 学时	1	1. 总学分满分 5 分。 2. 根据学生的总得分确定校本选修课等第。 A 等第：满分 5 分 B 等第：3.5～4.5 分 C 等第：不满 3.5 分
		（2）修满 8～12 学时	0.5	
		（3）少于 8 学时（包括 8 学时）	0	
2	学生学习过程表现	（1）态度积极，参与度高	2	
		（2）态度积极，参与度一般	1.5	
		（3）态度一般，参与度不高	1	
		（4）态度不积极，参与度不高	0	
3	学生学习效果评价	任课教师根据教学内容和形式决定如何考核学生的学习效果，如作品、活动、制作、测试等	2	

2. 教师评价

学期末教务处组织一次开课学生的调查问卷，对教师工作态度、上课内容、学生需求等三方面进行调查。从而为下学期开设的校本课提供基础数据。

校本课调查问卷

1. 你所选的校本课名称		
上课教师姓名		
2. 你对本选修课上课内容的满意度		
A. 80％以上	B. 50％～80％	C. 50％以下

3. 你对本选修课上课教师的满意度		
A.80％以上	B.50％～80％	C.50％以下
4. 上课教师对上课内容的准备		
A. 充分	B. 一般	C. 不充分
5. 上课教师上课是否有早下课、早放学情况		
A. 有	B. 没有	C. 不清楚
6. 上课教师是否有迟到现象		
A. 有	B. 没有	
7. 你建议此选修内容下学期		
A. 继续开设	B. 不继续开设	C. 说不好
8. 本门选修课期末是否有测试		
A. 有	B. 没有	C. 不知道
9. 你希望开设哪些内容的校本课？请写在下面，谢谢！		

图书馆使用制度

为服务师生，方便全校师生借阅我校图书馆馆存各类期刊、杂志、图书，并了解相关程序及管理规定，特制订东北师大附中明珠学校图书馆使用制度。

一、借阅制度

（一）图书借阅制度

1. 本校师生，可凭借书证到图书馆借书。教师每次限借四册、学生两册，教师允许续借一次。

2. 借阅图书要按期归还，教师借阅期限为 60 天、学生 30 天，超期者每天罚款 0.5 元。

3. 借阅的图书如有丢失，要赔偿；如有污损，视情节轻重，予以赔偿。

4. 本书证只限本人使用，如转借他人使用，本馆将扣留此证；如有丢失，可以到图书馆声明，补办。

（二）书刊阅览室

书刊阅览室的所有期刊、杂志、报纸等一律不外借（不允许带出本室），教师如有教学需要，可在本室复印。

二、书刊阅览室读者须知

1. 阅览室是学校为教师和学生提供学习和阅读的场所，室内所有的报纸、期刊、杂志只供在本室内阅读，一律不外借，更不准带出（教师若教学需要可在本室复印）。

2. 要保持室内肃静、整洁、不准大声喧哗，不准在室内吃零食，乱扔杂物，严禁吸烟。

3. 报纸、期刊阅毕后，请放回原来的位置，不要随便丢放。

4. 爱护期刊杂志，严禁污损、涂抹、撕割、偷窃，违者按馆内有关规定处理。

5. 室内的桌椅、书架为大家提供方便，同时也需要大家的爱护和保养。禁止任何形式的占座行为。

6. 进入阅览室书包要放在存包处，书包内不要放贵重物品，丢失概不负责。

7. 阅览室装有防盗设备，请珍惜前程。

三、图书借阅室规则

1. 为防止书库乱架，请读者在选书时，手中书不得超过三册，并将不用的书放回原来的位置。

2. 读者要爱护图书，严禁污损、涂抹、撕割、偷窃，违者按有关规定处理。

3. 借书时，读者要认真检查所借图书是否污损、画道、涂抹、撕割以及条码丢失等现象，发现后立即声明，待工作人员处理后，方可借阅，否则责任自负。

4. 要保持室内肃静、卫生清洁、不要大声喧哗，不要乱扔杂物，严禁在室内吸烟。

四、图书遗失、污损赔偿制度

1. 凡遗失、污损本校图书馆书刊，均要赔偿版本相同的书刊，否则，按下列规定执行：

（1）一般图书按原价 3 倍赔款。

（2）全集、丛书、一部书之中的一部分，按全套书市价加倍，未遗失、污损部分归还图书馆。

（3）珍贵图书按原价的 3～10 倍赔款。

2. 遗失图书，在办理赔偿手续前，停止借书。

3. 赔偿款由遗失者到图书馆办理遗失赔偿手续。

4. 赔偿款由财会室根据图书馆凭据，在工资中扣除款项作为学校经费。

打印中心管理规定

为加强学校打印中心工作的实效性，特制订以下规定，请全校教师支持、配合。

一、油印

1. 试卷印刷请提前 1～2 天交打印中心，便于统一调配。若未提前，造成试卷印刷延误，由任课教师负责。

2. 除实验班教学需要外，其他小额印刷（印数少于年级印量）需报教务处备案、批准。

3. 所有印刷试卷请注明年级、学科、命题人、日期。

4. 试卷印刷数量请在打印中心指定表格中备案。

5. 教师取卷需亲自到油印室，打印中心禁止学生进入。

6. 试卷印刷后请及时取回，印而不用，造成浪费，学校将追究相关人员的责任。

二、复印

1. 为保障复印机的使用寿命，用复印机时每次复印出的纸张不超过 15 张。

2. 复印的张数和纸型及时登记在打印中心指定的表格中备案。

化学实验室学生使用规则

为了更好地让同学们了解化学实验室的使用，特制订如下学生使用规则：

1. 按顺序进入实验室，按规定座次就座，自觉保持室内安静，不大声喧哗（老师讲话时，不要偷偷说话）。

2. 进入实验室后，首先清点仪器、材料、药品的品种、数量，发现问题及时报告。维护室内教学设备，不经教师允许，不擅动实验仪器。

3. 实验前，在教师组织下，首先检查仪器用品，再行操作。如发现问题，及时向教师提出。

4. 实验时，按程序和规范认真操作，不违反操作规程，实验中如损坏仪器、用品，应根据有关规定予以赔偿。

5. 注意节约，注意安全，如发生意外，应听从教师指导，不要惊慌。

6. 不把自己的食物带入实验室内（如果你不想成为实验的对象）。

7. 临走时不要留下痕迹。

8. 记得带走属于自己的东西（抽屉内什么也别留下）。废液、废纸、废材料等杂物，投入废液缸或垃圾箱内，不随意抛掷或倒回水槽。

9. 始终保持实验台面的清洁、有序。

10. 实验完毕，认真清洁、清理仪器，关好电源、水源，填好实验记录，教师检查后离开。

11. 离开时，烦劳把椅子放到座位下。

生物实验室学生使用规则

为了更好地让同学们了解生物实验室的使用，特制订如下学生使用规则：

1. 实验前要认真预习实验内容，明确实验的目的、原理、方法和步骤，做好准备工作。实验过程要细心观察和认真分析，做好记录，掌握基本知识和实验技能，写好实验报告。

2. 实验前应检查本次实验的仪器、用具及材料是否齐全，若有不符或损坏，应及时向指导教师报告。实验前不准动用实验台上的设备、仪器、药品和实验材料。

3. 实验时应思想集中，不得马虎从事。爱护仪器设备，实验中使用仪器要轻拿轻放，对药品的使用严格按量取用，不得浪费。要节约用水用电，违反操作规程，损坏公物要登记赔偿，拿走公物要追究，并按情节轻重进行处理。

4. 守纪律。按时进入实验室，按编定位置就座，并按步骤与规程进行实验。实验中要注意安全，听从教师和实验技术人员的指导，未经教师或实验管理员许可，不能随意搬移实验室的仪器及其他设备。有特定要求的实验，一定要经教师或实验员检查后，才可开始进行实验。发生事故应立即采取安全措施，并及时报告指导教师。

5. 爱护国家财产，节约水电、煤气和实验材料等。凡损坏、丢失实验仪器或器材者，均应填写报损报告单，按有关规章制度进行处理。

6. 爱整洁，实验中要保持实验室安静，做完实验后按教师要求做好结束工作，学生要检查实验仪器、用具是否摆放整齐、清洗干净，废水、杂物要按规定倒掉，一切完成、经教师或实验管理员检查无误后，方可离开实验室。值日生清扫实验室，保持实验室的环境整洁、美观。

物理实验室学生使用规则

为了更好地让同学们了解物理实验室的使用，特制订如下学生使用规则：

1. 物理实验室是特殊的教学场所，物理实验室的使用首先要得到教务处的批准，并提前一周通知物理实验室负责人。

2. 凡在物理实验室进行的一切活动，都必须严格遵守实验室的各项规章制度，严禁在物理实验室进行任何与教学无关的活动。

3. 物理实验员即是物理实验课的直接参与者，也是学生进行实验活动的指导者，教师和学生应尊重实验员的劳动，协助实验员搞好实验室的管理及其他各项工作。

4. 教师对学生要严密组织，规范管理，严格按"三定"（定人员、定时间、定座位）组织教学。

5. 学生不经教师和实验员允许，不得擅自搬动和摆弄实验台上的设备和仪器，更不允许将实验室的仪器和物品任意串换。

6. 严格遵守"物理实验室安全规则"，按操作规则进行实验，不断强化安全教学的思想。

7. 学生进行实验操作时，对任何仪器都要轻拿轻放。爱护实验室内的各种设备和仪器，节约原材料，损坏物品要及时向指导教师报告，并按实验室的有关规定给予赔偿。

8. 严禁在走廊和实验室内喧哗、跑跳。每次实验课后，值日生清扫实验室，保持实验室的环境整洁、美观。

第八讲 中小学学生管理策略

第一章 中小学学生管理策略概述

随着现代教育的发展和教育改革的深入，以人为本的学生管理将最终取代传统的学生管理，这是学生管理改革和发展的必然趋势。

一、以人为本的学生管理模式

以人为本的学生管理模式是以人为中心，在确立学生主体地位的基础上，围绕调动学生的主动性、积极性和创造性来开展一切管理活动，这种管理模式是学校学生管理模式发展的必然走向。以人为本的学生管理工作理念，就是要以人为出发点，充分尊重学生作为人的价值和尊严，充分尊重学生的人格、个性、利益、需要、知识兴趣、爱好，力促学生全面发展，健康成才，并能可持续发展。这意味着要从那种把对人的投资视为"经济性投资"的立场转变为"全面发展性投资"的立场。以人为本的管理在处理人与组织的关系时，并不否定和排斥组织的目标，而是应把人的自我发展和自我完善作为组织目标的组成部分。学校学生管理中坚持以人为本的管理思想，就是指学校学生管理工作必须以调动学生的积极性、做好学生的工作为根本。具体而言，就是要在学校学生管理过程当中坚持把教育和管理的对象——所有学生作为全心全意为之服务的主体。树立以人为本的中小学学生管理理念，营造良好的服务氛围，对学生能起到潜移默化的作用。学校从教学到行政管理，从学生学习到后勤服务，都要不断深化教育改革，转变教育观念，转变过去那种以学校为主体，以教育者为核心的工作思路和工作方式。变管理为服务，树立一切工作都是为了学生的健康成长的管理理念。以人为本的中小学学生管理就是以素质教育为学校工作的出发点和落脚点，一切为了学生，使学生在德、智、体、美等方面全面发展。具体而言，就是要理解学生，尊重学生，服务学生，信任学生。

二、构建以人为本的中小学学生管理模式

1. 加深对学生的本质认识

学校学生管理，无论是计划和任务的确定，还是内容和形式的选择，都源于对学生的认识和把握，源于对学生发展中各种矛盾的深刻洞察。实际上，任何个体都有其自身具体、独特、不可替代的需求。不同个体的需求在整个群体中，又都不是孤立存在的，它们之间是相互联系和作用的。就学校学生管理而言，学生对自身所处管理环境的感受，对自己在学校中的地位，对学习、人际关系等个人发展需要得以满足的程度，都是影响管理效果的重要因素。离开对这些因素的认识、洞察和把握，学校学生管理就成了无源之水、无本之木。因此，我们只有全面考虑学生的个体情况，重视个人需要在管理中的地位和作用，并把它们看作运动的、变化的，学校学生管理才能有的放矢，提高管理效率，收到预期的效果。

2. 营造以人为本的校园文化环境

校园文化环境包括校园的物质环境和校园的精神环境两部分。校园的物质环境是以布局成形的姿态出现的物质环境，主要是指校容，如建筑物的布局，室外的绿化、美化，室内的整洁、美观、大方等。校园的精神环境主要是学校的传统习俗、校风、人际关系、心理氛围、文化品味及活动构成的气氛等。人的发展及才能的养成，是遗传、教育、环境共同作用的结果。就学校而言，这种对人的发展以及才能的养成产生影响的环境。就是校园文化环境，校园文化环境对学校的教

育工作及师生员工的生活有着不可低估的作用。开展丰富多彩、多元化的学生集体活动能够培养学生崇高的理想和高尚的道德情操，能够使学生的兴趣爱好和特长得到良好的培养和充分的发挥。在一个健全的集体中，学生的不良习惯及意识也比较容易克服。因为集体的影响、优良作风对学生思想品德的形成和发展能起到巨大的促进作用。要充分调动学生的积极性、创造性，设法激发学生的思维兴奋点，组织开展丰富多彩的集体活动，在集体活动中教育、培养每个成员的集体主义精神。通过各项活动，积极发挥和发展学生的才干及特长，使活动和教育融为一体。

3. 搭建学生自我管理平台

作为教育工作的重要方面，在管理工作中确保学生的主体地位，尊重和维护学生自主学习的权利，就要保证教育主体的主观能动性得到充分的发挥，使他们的个性得到充分的张扬，学生的潜力和发展的潜质得到充分的挖掘。积极实践学生的"自我管理、自我教育、自我约束、自我服务、自我发展"等，不断培养和提高学生独立思考问题、分析问题、解决问题的能力，这不仅是改进学生工作，为学生的自主发展提供更大空间的需要，也是我们这些年来在学生管理工作中的成功经验。实际上学生的自我管理，就是一种民主的、开放的、人性化的管理，它更加有利于实现学生成才的目标。

4. 提高学生管理工作者的素质

以人为本的管理理念体现出管理的自主性、民主性、灵活性和发展性等特征，这要求建设一支高素质的学生工作队伍。一方面要按照要求认真做好建设规划，统一规划、统一实施；要明确条件、坚持标准，切实做好人员选配工作；要周密计划、合理安排，扎实推进人员培训工作；要提出目标、严格要求，不断增强学生管理工作者的责任感；领导和有关部门要对学生管理工作者思想上重视、工作上支持、生活上关心、政治上爱护，使学生管理工作者都能够随着形势的发展和工作的进行不断提高素质和水平，以满足事业发展的需要；另一方面也要求学生管理工作者加强自身修养，明确神圣职责，增强责任观念，树立服务意识，努力学习，积极实践，深入思考，大胆创新，不断探索新形势下学生工作的新路子、新方法，不断总结适应新形势、新情况下的学生管理工作的新经验、新成果，在全面服务学生成长成才的过程中发展自己，实现自身的价值。

以人为本的学生管理要追求以新奇制胜，以巧妙攻心，关注学生的日常生活和学习生活中行为表现的细枝末节，把为学生服务放在重要位置，创造性地进行管理。只有坚持"以人为本，和谐发展"的管理理念，适应新时期科学发展观的要求，倡导积极向上的学习观、人生观、价值观，实现学生管理模式的改革与创新，才能真正促进学生的全面发展、和谐发展和持续发展。

第二章 名校学生管理制度参考

本章内容参考东北师范大学附属中学明珠学校学生管理制度。

学生校园日常行为规范

学生校园日常行为规范是中学生日常行为规范的重要内容，凡本校学生都要认真执行，以创造整洁、优美、有序、安全的校园文化和班级环境。

1. 按时到校，上课前准备好学习用品，上、下课时，起立向老师致敬。下课时请老师先行。

2. 上课专心听讲，勇于提出问题，敢于发表自己的见解，积极回答老师提问。

3. 认真预习、复习，按时独立完成作业，考试不作弊。

4. 积极参加团（队）活动和学校、班级组织的文体活动、日常劳动和社会实践活动。

5. 穿戴整洁、朴素、大方。在校期间一律穿校服。女生不穿高跟鞋、不烫发、不染发、不化妆、不佩戴首饰；男生不留长发、不留怪发。

6. 在楼内右侧通行，轻声慢步。不喧哗、跑跳、打闹、吹口哨。上学相见互问好，放学分别说再见；见到老师和客人主动问好、让路，讲文明懂礼貌。

7. 讲究卫生。不在校内吃雪糕、瓜子、不吃口香糖，不边走边吃零食；不乱扔纸屑果皮，不随地吐痰；不吸烟，不喝酒。

8. 维护校园秩序，保持楼内肃静。严禁在教室内打扑克，严格遵守作息时间，活动以铃声为令，不擅离课堂，不迟到、不早退；不在校园内非运动场地及马路上玩篮球、踢足球及追逐疯闹；放学后断水断电，及时退校。

9. 爱护公物，节约水电。不在黑板、墙壁、门窗、课桌上乱涂乱画；不攀折花草树木。

10. 维护校门前良好秩序。不在校门前聚集逗留；在校期间，不会见校外人员；遵守自行车管理规定，按指定位置停车。进入校门前缓行，校园内不骑车、遛车。乘私家车上学的学生，车辆一律停在距校门 50 米以外。按指定路线步行进入校园。

学校学生校园常规管理要求

为了进一步推进学校学生常规管理水平，加强学生常规管理的科学性和实效性，提高班主任常规管理的工作能力，特对学生校园常规管理要求如下：

一、6：40～7：10

学生早6：40开始入校，6：40之前任何学生不准进入校园。入校后直接进入班级，不准在走廊内和操场上进行活动。7：10之前学生须入校完毕，无特殊原因不得迟到。

二、7：00～7：10

各班早7：10之前须打扫完毕，生活委员每日须对本班卫生进行监督和自查。各科课代表收齐各学科作业。

三、7：10～7：30

晨读期间，所有学生必须在教室内进行晨读，保持教室秩序良好，不得做与晨读无关的事情。

四、间操

9：00，各班除值日生外，所有同学均应按安全疏散路线图有秩序地快速走出教学楼，到操场按间操队形集合整队，不准无故迟到或不参加间操。做操时须认真、规范、严整。

五、课间

课间休息时，要保持教室、走廊秩序，不要追逐打闹、大声喧哗，靠右侧通行，注意安全，保持室内外环境卫生。

六、午休

午休时，学生要依次进入食堂就餐，不准跑跳进入食堂，要文明就餐，杜绝在校外订餐或边走边吃；体育活动一律在操场内进行，不准抢占其他年级活动场地，注意活动安全和环境卫生；不准越墙离开校园或不请假外出。

七、班小会

班小会前所有学生须回到班级，在教室内按班级或学校要求进行活动，并做好会前准备工作，不得做与班小会无关的事情。

八、离校

放学后，关闭教室门窗、电源，所有学生必须在 20 分钟内离开校园，禁止在校园内逗留，禁止在操场上打球或做其他事情。不要在回家途中进行其他活动，注意交通和人身安全。

学生值周管理工作制度

为了强化学生自我教育、自我管理，学校将继续实行校园值周管理班制度。具体管理工作细则规定如下：

一、组织安排

1. 以非毕业班为主体，以班为单位作为值周管理班，按班级顺序每周轮换一次。

2. 在学生处指导下，由班主任带领，在全校范围内对全校班级及学生进行纪律、卫生、文明礼貌、行为习惯及学习等情况的检查管理。

二、岗位分配

共计 54 人。其中固定岗位 22 人，流动岗位 24 人，环境清理 8 人。

1. 学校正门迎宾值勤

6 人（男生 3 人，女生 3 人，其中组长 1 人）。

2. 教学楼固定岗

A、B 座 1~4 楼每楼层两侧各 1 人（共 16 人）。

3. 教学楼流动检查岗

A、B 座 1~4 楼每楼层各 3 人（共 24 人）。

4. 校园环境检查清理

保证 8 人以上，负责校内前、后操场环境卫生清扫及监督管理。要求每节课间和中午午休期间进行清扫，要主动、及时、彻底。

三、工作职责及要求

1. 所有值勤人员必须穿校服,着装要整齐、统一,并佩戴值周标志(绶带)。

2. 上岗期间必须准时、统一列队到达预定岗位,不能迟到或早退,特殊情况不能到岗,要向总督察请假并找人替岗。

3. 上岗期间要姿态端正,身姿挺拔,注意自身形象,不能有倚靠、叉腿、嬉笑、打闹等不良动作和行为。

4. 要态度端正,认真负责,爱岗敬业,树立主人翁精神、责任意识和服务思想。

5. 要敢于管理,发现问题及时纠正批评。坚持原则,公正客观,不能以权谋私。

6. 在值勤过程中,要有礼貌,谦让平和。对老师、同学及来宾要主动问好,打招呼。语气要热情、大方、诚恳。标准规定语:早上好、中午好、晚上好、再见。

7. 做好值勤记录,认真填写每一项检查结果及详细情况,字迹工整,内容明确。每天要在班主任指导下做当天小结,写好值周总结和值周体会。

8. 值周组长要严于律己,认真负责,担负起管理和组织工作,确实履行责任,做好值周生的管理和上传下达工作,组长对本组工作负责。

9. 值周生实行岗位责任制,对自己的本职岗位负责,出现问题,自己承担。

10. 检查内容执行《学生校园日常行为规范》、《卫生管理制度》。检查扣分标准执行《值周管理班检查评比制度》。

11. 值周班在星期五下午做一周总结,并将评比结果公布全校。

四、值周班主任职责

1. 认真做好本班值周工作的组织安排，做好岗位分配，做到分工明确，布局合理。

2. 认真指导学生完成一周的检查、管理任务。严格督导本班值周生工作，定时检查学生上岗和工作表现情况，及时纠正值周生的不正确的行为，做到严格要求，认真细致。

3. 把本班的值周任务作为对学生进行素质教育的重要内容抓好、抓实，写好总结报告上交学生处。

4. 值周教师要配合学生处，在值周工作前一周的周五下午利用自习课做好组织安排和动员工作。

五、优秀值周管理班评定条件

1. 工作认真负责，按时上岗，出色完成各项工作任务。

2. 值周时全员工作认真，工作态度端正，检查管理细致严格，没有严重失职行为。

3. 工作时有礼貌，热情大方，受到全校师生及领导的一致好评。

4. 在检查管理过程中能坚持原则、公正客观、不营私舞弊，有效地完成检查纠错任务。值周记录和总结工作细致翔实。

5. 学生处对值周班工作表现进行客观评定，评为优秀值周管理班，将在基础分上加1分并作为评选优秀班级、文明班级的主要条件。如值周班级工作完成不好，将取消文明班级参评资格。同时，每个值周班评选5～8名优秀值周生，作为评选三好学生、优秀学生干部的重要条件。

学校学生档案管理制度

学生档案管理是推进学校学生管理科学化、规范化和系统化的重要一环，为了使学校学生档案管理工作迈上一个新台阶，充分发挥档案管理对学生教育管理工作的积极作用，特制订学生档案管理制度。

一、档案保管制度

1.档案实行专人管理，非档案管理人员不得随便开启档案橱。

2.不得利用工作之便私自摘录、擅自为他人查阅档案，不得向外传播和介绍档案、资料内容及存放位置等情况。

3.科学管理档案，档案查阅完毕，随时归还原处，资料按类别排列存放。

4.档案盒进行统一编号，并插上查找案卷指引卡。

5.维护档案安全，每个盒橱必须保持整洁。

6.档案人员调动工作时，应在离职前办理交接手续。

二、档案保密制度

1.档案工作人员必须严格遵守纪律，保守秘密，不得擅自扩大档案利用范围，不得泄露档案内容。

2.严格档案借阅制度，健全手续，做到万无一失。

3.不利于保密的地方不得存放机密文件和资料。

4.不在普通电话、明码电报、通信中涉及档案机密。

三、档案借阅制度

1.查、借档案，必须审明查档案原因，经本部门领导批准后可准予查阅。

2.查阅涉及机密的有关档案，须经领导批准后方可查阅。

3.查、借档案者必须认真填写借阅登记簿。

4.查借档案者要爱护档案，不准在卷内涂改、勾画、撕拆、抽取档案。

5.查阅档案一律在本处室内查阅，原件一般不得借出，如特殊情况需外借者，须经领导批准，限期内归还，并办理借阅登记手续。

6. 档案归还时，档案工作人员应清点无误后签收，发现问题要查明原因，报领导处理。

四、档案立卷归档制度

1. 本部门在工作活动中形成和使用的各种有保存价值的文件以及其他有关材料、录音录像带、照片、文件等应立卷归档。

2. 必须按本部门立卷归档分类方案，将各种有保存价值的文件材料收集齐全、完整立卷。

3. 每年将有保存价值的文件材料，按照文件特点，分类准确、合理组卷。

4. 立卷要做到书面材料规范，排列顺序正确，案卷装订整齐美观。

学校优秀学生评价办法

为了培养更多的具有向上的精神、良好的习惯和认真的态度的学生群体，充分发挥学生榜样的示范引领作用，特制订本办法。

一、评价标准

1. 品行评价

（1）纪律标兵

模范遵守国家法律法规和学校纪律要求，一学期无违法违纪现象。

（2）合作标兵

与人为善，关心同学，乐于助人，善于合作。合作中给他人带来愉悦和激励，对同学的进步有特殊帮助，堪称榜样。

（3）劳动标兵

热爱劳动，有一定的劳动技能和习惯，值日生工作认真负责，在各项劳动中，成果量多质高，贡献较大，发挥了表率作用。

（4）文明礼貌标兵

遵守社会公德和《中学生守则》，尊敬师长，团结同学，诚实守信，尊重他人，文明行事，礼貌待人。

2. 特长评价

（1）校园艺术家

在书法、绘画、音乐、舞蹈、摄影、雕塑、戏剧表演、节目主持、工艺品制作、电脑制作等方面有突出特长或有作品获奖的学生均可授予校园书法家、画家、歌手、演奏家、指挥家、舞蹈家、摄影家、雕塑家、戏剧艺术家、优秀主持人、电脑制作能手等称号。

（2）校园体育明星

在田赛、径赛、篮球、足球、排球、毽球、羽毛球、乒乓球、游泳、滑冰等体育项目中，特长突出，在年级以上比赛中取得突出成绩的学生，均可授予各类校园体育明星称号。

（3）校园演讲明星

具有较高的演讲技能和水平，在班级（含班级）以上中文或英文演讲比赛中获得优异成绩。

（4）校园作家（诗人）

具有较高的写作水平、写作能力，中文或英文作品在年级以上作文竞赛中获奖或在公开刊物上发表或有著作出版的学生。

（5）校园优秀编辑

具有较高的编辑技能和水平，所主编的刊物或节目在校园广受好评或在比赛中获奖的学生。

（6）学科竞赛标兵

在数学、物理、化学、生物、英语、计算机等所有学科竞赛中，单科或多科获得各类各级奖项的学生，可分别授予学科竞赛标兵称号。

3. 创新评价

具有创新精神、创新能力、创新思想、创新成果的学生，可授予各级各类创新奖。学校每学期将评选"十大创新人才"。

4. 成就评价

（1）进步奖

凡在思想品行、课业学习、学科竞赛、文体活动等某个方面取得显著进步的学生，班级、年级可制订评价标准，开展评价活动，经学校批准后，授予各类进步奖给以肯定和鼓励。

（2）成就奖

某一方面有突出表现和取得显著业绩的学生，经学校批准后，班级、年级可授予各类成就奖给以鼓励和表彰。

（3）十佳奖

每学期，学校将评选"十佳团员"、"十佳少先队员"、"十佳学习标兵"、"十佳班干部"、"十佳团干部"、"十佳班集体"、"十佳中队"、"十佳团支部"、"十佳班委会"。（各类"十佳"的评选条件另定）

5. 其他类别

对上述评价类别没有涵盖的方面，班级、年级可根据学生实际情况，设立奖项，制订评价标准，开展评价活动，经学校批准后，给予表彰和奖励。

二、评价级别

分班级、年级和学校三个级别，每学期进行一次。各奖项经级别单位评定、学校批准后，即可进行该级别的表彰和奖励。

三、评价程序

学生管理部门制订评价标准和方案；年级和班级负责组织；学生自主申报或同学推荐；家长提供参考意见；班级、年级和学校成立三级考核评价领导小组负责考核评定；颁发获奖证书，组织成果或才艺展示。

文明班级评比细则

为了深入开展文明班级达标活动，不断提高学生文明行为水平，逐步形成具有我校特色的整洁优美、节俭朴素、文明有序、积极向上的班级环境和校园文化，特制订本细则。

一、德育领导小组检查内容

主要检查教学楼内各班的纪律、卫生等情况。

1. 班级有下列情况之一者，扣1分。

（1）第一节课前、自习课较混乱。

（2）课间、中午、晚上放学后秩序混乱。

（3）教室卫生脏乱，物品摆放混乱。

2. 班级有下列情况之一者，扣0.1分。

（1）教室内有废弃物、痰迹。

（2）有拖布脏水痕迹。

3. 学生个人有下列行为，扣分。

（1）吃瓜子、口香糖，扣1分。

（2）抽烟、喝酒，一人次扣1分。

（3）损坏公物，视情节轻重，扣1～3分，并赔偿损失。

（4）在教学楼内玩足球、篮球、排球、打羽毛球、乒乓球、踢毽子、下棋打扑克，一人次扣0.5分。

（5）吹口哨、说脏话、哼唱、跑跳打闹、大声喧哗，一人次扣0.5分。

（6）跳窗户，一人次扣0.5分。

（7）边走边吃零食，一人次扣0.1分。

（8）烫发、染发、化妆、佩戴首饰、男生留长发、女生穿高跟鞋，每人次扣0.1分。

4. 值周班有下列情况之一者，扣分。

（1）不佩戴值周标志，不认真填写值周日记，一人次扣 0.5 分。

（2）不按时上岗、旷岗，每人次扣 0.5 分。

（3）检查中不负责任或对分担区脏物视而不见，扣 0.1 分。

（4）检查或上岗期间打闹、喧哗，每人次扣 0.5 分。

（5）值周工作态度不认真，有弄虚作假、营私舞弊行为，扣 0.5 分。

二、值周教师检查内容

重点检查校园及校门附近的学生文明行为情况。

学生有下列行为，扣分。

（1）吃瓜子、口香糖，一人次扣 1 分。

（2）抽烟、喝酒，一人次扣 1 分。

（3）损坏公物，视情节轻重，扣 1～3 分，并赔偿损失。

（4）吹口哨、说脏话、哼唱、跑跳、打闹、大声喧哗，一人次扣 0.5 分。

（5）跳窗户，一人次扣 0.5 分。

（6）边走边吃零食，一人次扣 0.1 分。

（7）在校园内骑、遛自行车，一人次扣 0.1 分。

（8）烫发、染发、化妆、佩戴首饰、男生留长发、女生穿高跟鞋，每人次扣 0.1 分。

（9）在校园内玩足球、篮球、排球，扣 0.5 分。

（10）迟到、早退，每人次扣 0.1 分。

（11）乱扔废弃物，一人次扣 0.2 分；从教室往窗外扔废弃物，一次扣 1 分。

（12）攀折花草树木，一人次扣 0.5 分。

（13）打架斗殴等恶性事件，视情节扣 1～3 分，同时给予纪律处分。

（14）班级提前下课，扣1分。

（15）楼内不右侧通行，走路拉横排，一人次扣0.1分；

三、评操员检查内容

1. 班级间操有下列情况之一者，扣0.5分。

（1）班主任未到岗。

（2）集合速度慢。

（3）队列不整齐。

（4）缺员太多。

（5）做操质量整体较差。

2. 学生有下列行为者，扣分。

（1）迟到、早退，每人次扣0.1分。

（2）有说话、打闹现象，每人次扣0.1分。

（3）不按规定路线回教室、行进拥挤，每人次扣0.1分。

关于学生违纪行为的处罚条例

为了加强我校的德育工作，促进违纪学生的思想转化，提高我校学生的素质，经学校研究，对错误严重、屡教不改的违纪学生作如下处理决定：

1. 对错误严重或屡教不改的违纪学生给予以下纪律处分：通报批评、警告、严重警告、记过、记大过、留校察看、开除学籍。

2. 凡有以下行为者，将分别给予纪律处分。

（1）严重干扰教学秩序者，给予警告、严重警告或记过处分。

（2）吸烟、喝酒者，给予警告或严重警告、记过处分。

（3）旷课节数累计3节者，给予通报批评处分；旷课节数累计20节者，给予警告处分；旷课节数累计30节者，给予严重警告处分；旷课节数累计 40 节者，给予记过处分；旷课节数累计 50 节者，给予开除学籍处分。

（4）严重损坏公物者，除按有关规定照价赔偿外，给予严重警告或记过、记大过处分。

（5）偷窃他人财物者，视情节严重程度，将分别给予严重警告、记过、记大过、留校察看或开除学籍处分。

（6）考试作弊者，视情节严重程度，将分别给予严重警告、记过、记大过、留校察看或开除学籍处分。

（7）打架斗殴或勾结校外人员来校打架者，视情节严重程度，将分别给予警告、严重警告、记过、记大过、留校察看或开除学籍处分。触犯法律者，交由公安机关处理。

（8）顶撞、辱骂，甚至殴打教职员工者，视情节轻重，将分别给予严重警告、记过、记大过、留校察看或开除学籍处分。

（9）其他严重违纪行为者，视情节严重程度，将分别给予警告、严重警告、记过、记大过、留校察看或开除学籍处分。

3. 受纪律处分的学生，如果在校期间悔改错误，表现突出，学校可以解除其纪律处分。解除纪律处分的考验期限必须在一个学期以上。

4. 受一次纪律处分且在毕业前能解除处分的学生，其所受处分的决定可不装入档案。若不能解除处分，其所受处分的决定将装入档案。

5. 受两次记过处分以上、开除学籍以下纪律处分的学生，毕业前其所受纪律处分无论解除与否，其所受处分的决定一律装入档案。

6. 受两次记过处分以上，开除学籍以下纪律处分的学生，若再犯错误，构成纪律处分者立即开除学籍。

学生社会实践活动管理制度

吉林省教育厅和长春市教育局先后下发了《关于贯彻〈义务教育

法〉进一步规范义务教育办学行为的若干意见》，要求各级教育行政部门和学校要严格执行《吉林省义务教育阶段新课程计划》，保证初中生每学年参加社会实践活动的时间不少于 20 天。学校在生命教育思想的指导下，以"双课程化"学生工作策略为依据，将社会实践活动纳入到课程管理序列，特制订本制度。

1. 学生处在调研和实践基础上，确立学军、学农和赴上海社会实践课程基地。

2. 学生处负责制订系统而完备的社会实践课程实施方案，各有关教师结合本学科特点制订学科社会实践课程目标及相应作业。

3. 学生处负责社会实践课程实施前的总体动员与培训、课程各保障环节的落实。

4. 班主任负责对本班学生的课程实施前的动员与培训。

5. 初一年级学军课程定于每年的 8 月末实施，赴上海社会实践课程定于每年的 10 月末实施，初二年级学农课程定于每年的 9 月末实施。

6. 成立以班级、年级、学校和实践基地四位一体的课程评价机构，负责对课程总体评价标准的制订和具体实施的指导与落实。

7. 学生处和年级要对社会实践课程实施中的每一个环节进行课程监控并根据具体情况进行相应课程调整。

8. 高度重视社会实践课程的总结和反馈环节，各班级要在课程实施后采取出板报、办班刊、开主题班会等课程形式提升课程实施质量。

9. 社会实践课程是学校高度重视的一门必修课，教师和学生要高效完成，不能无故不参加。

家长委员会工作制度（草案）

一、家长委员会章程

1. 学生家长委员会是学校及家长学校的参谋和咨询机构，家长会议的常设机构。

2. 家长委员会由家长学校领导、家长代表组成，设主任一名，委员多名。

3. 家长委员会每学期召开两次全体会议，以总结检查家长学校成果，并与学校教育有机结合、同步进行。

4. 家长委员会应通过实践和探索，不断总结经验，逐步发展普及，并保持横向联系，以推动家教工作向纵深方向发展。

二、家长委员会的职责

家长委员会是学校的参谋和咨询机构，它的主要职责是：

1. 听取和审议学校工作计划，有权对学校各项工作提出建议，协助制订家长学校办学目标和教学计划。

2. 协助办好家长学校，协调和帮助学校搞好教育改革，提高质量。

3. 协助学校和班主任加强教育工作，保证入学率和巩固率。

4. 带头学好家教知识，帮助全体学员提高家教素质。

5. 积极参加学校定期召开的工作和研讨例会，帮助班主任落实学员守则的贯彻工作。

三、家长委员会应具备的条件

1. 热爱中国共产党，热爱祖国，自觉执行党的路线、方针、政策，思想素质高。

2. 热爱教育事业，关心、支持学校工作。

3. 支持"家校合作"教育，并乐于参加学校教育活动。

4. 有一定的组织能力和表达能力，具有大学以上的文化水平。

四、家长委员会的权利

1. 听取学校及家长学校的工作报告，审议家长学校教育计划，对家长学校各项工作提出咨询，并随时提出合理性建议和意见。

2. 参与学校及家长学校的管理，参与课题研究。

3. 召集家长会议，研讨有关事宜并作出相应的决议。

4. 协同学校运用各种形式，总结和交流家教经验。

五、家长委员会的义务

1. 有通过各种渠道了解家长对学校教育的要求，宣传学校教学成果和向学校提供教学改革信息，形成全社会尊师重教舆论的义务。

2. 有向家长宣传教育政策，帮助家长端正教育观念，宣传创办家长学校的重要性、迫切性、目的性，帮助家长树立科学育儿的义务。

3. 有协助办好家长学校，帮助家长学校学员解决家教中遇到困难的义务。

4. 有协助学校、班主任调解校、班、家长之间的争议的义务。

5. 有协助班主任做好后进生转化工作的义务。

6. 有以各种可能的形式协调和帮助学校搞好教育改革，提高教育质量的义务。

7. 有以各种方式呼吁社会各界在财力、物力上支持学校，帮助学校改善办学条件的义务。

优秀学生奖学金评定发放办法

为了全面落实生命教育的办学理念，坚持以学生发展为本，激励学生努力践行"双课化"育人目标，将学生培养成具有向上的精神，良好的习惯，认真的态度的优秀学生群体，特制订本奖学金发放办法。

一、奖项设置

1. 陶然成长奖。

2. 校长奖学金：设一、二、三等奖。

二、评选条件

（一）陶然成长奖

陶然成长奖是我校 1987 届文科优秀毕业生孙陶然先生为促进母校教育事业的发展，奖励在东北师大附中学习和生活中表现突出的最优秀的学生，是附中学生的最高荣誉。

1. 基本条件

（1）品学兼优；个性优长。

（2）遵规守纪；自律慎行。

（3）乐于助人；宽容大度。

（4）能力突出，有较强的团队意识。

（5）善于学习，有较高的综合素质。

2. 评奖办法

（1）在优秀班干部、优秀团员、三好学生中产生。

（2）学习成绩在年级前 100 名。

3. 奖项分配

每个年级 10 名学生。

（二）校长奖学金

1. 基本条件

学业成绩优异、品学兼优的学生。

2. 评奖办法

（1）非毕业年级以一个学年为周期评一次，学生按两个学期期中、期末四次成绩总评高低评定一、二、三等奖学金。

（2）毕业年级以一个学期为周期评一次，学生按年级四次月考成绩总评高低评定一、二、三等奖学金。

（3）严格执行奖项分配名额，总分相同时，按语文、数学、英语学科成绩顺序查小分确定。

3. 奖项分配

（1）校长一等奖学金：共 10 名。

（2）校长二等奖学金：共 20 名。

（3）校长三等奖学金：共 30 名。

三、奖励金额

1. 陶然成长奖

每人一次性奖励 1000 元。

2. 校长奖学金

校长一等奖学金：300 元；

校长二等奖学金：200 元；

校长三等奖学金：100 元。

注：以上两大类奖项，即陶然成长奖和校长奖学金不可重复享受。

四、评选程序、时间及表彰

1. 陶然成长奖经个人申报、班级民主评选、班主任推荐，年级组初审，学生处复审，报校务会审批并张榜公示。校长奖学金按成绩取前 60 名。

2. 评选时间：陶然成长奖每学年年末。校长奖学金非毕业班每学年年末，毕业班每学期期末。

3. 开学典礼进行表彰。

五、有下列情形之一者，不能参加评选

1. 集体组织的活动和布置的工作无故不参加或借故不参加者。

2. 学农、学军等社会实践课程中成绩不合格者。

3. 本学年内因违纪受到纪律处分者。

4. 凡获得以上奖项的学生如有违纪且受到纪律处分，将退回奖学金。

以上办法的解释权归属东北师大附中明珠学校学生处。

第九讲　中小学科研管理策略

第一章　中小学科研管理策略概述

近年来，中小学开展教育科研蔚然成风。"科研兴校"、"科研强校"已成为学校出成绩、显特色、创品牌的有效途径和策略。"校校有课题，人人做研究"是一种普遍现象。课题研究已成为中小学教育科研的主要形式。

总体上看，中小学教育科研的繁荣与发展，与校长的重视、教师广泛积极地参与、教育行政的支持以及专家的有效引领密切相关。但在实践中也发现诸如有行动无研究、有研究无成果、有成果无转化、有定性无定量等问题，需要中小学管理者准确把握中小学教育科研的特点，进一步探讨形成有效的教育科研管理策略，以推动教育科研工作的发展。实现中小学教育科研的理想目标——使学校教育科研成为一种"有领导、有组织、有参与、有课题、有实效"的工作。

一、把握学校教育科研的特点

1. "以校为本"，以学校教育、教学和学校管理实践为基础，以解决学校实际问题为出发点。

2. 直接指向学校教育教学实践，注重解决"怎么做"，例如，如何提高课堂教学的有效性，如何转化后进生，如何提高办学水平等。

3. 教师置身于"教育教学之中"，是教育科研的直接参与者，他们对问题的观察和判断十分重要。

4. "为了教育的研究"，目的是为了改进教育、教学和学校管理工作，解决实际问题。

二、中小学科研管理的实践策略

（一）领导率先示范策略

领导率先示范是推进中小学教育科研的一项有效策略。在实行校长负责制的今天，作为学校工作的组织者、管理者、决策者，中小学领导的示范作用显得尤其突出。可以毫不夸张地说，一个科研型的校长，一定能带出一所科研型的学校。

校领导亲自主持或参与课题研究，有利于打破教育科研的神秘观、无用观，有利于创设良好的教育科研文化氛围，发挥好教育科研在中小学办学实践中的先导性和前瞻性，促进中小学教育教学的科学发展与持续发展。事实上，我国不少中小学领导、教师重视开展教育科学研究，不但没有影响升学率，还使学校教育教学质量得到明显提高。如苏州工业园区星海学校在沈坚校长主持的江苏省规划课题《九年一贯制学校分层递进、主体性发展的教育实践策略》的引领下，在短短几年的时间内迅速成为苏州基础教育的品牌学校，不仅在教育教学质量上名列前茅，而且在双语教育、科技教育以及教育信息化等特色建设方面进行得有声有色，获得社会的广泛认可。

在中小学各项考核评比中，学校领导的教育科研能力也是一项主要指标，一所科研型的学校离不开科研型的领导集体。在教育实践过程中，为提高教育决策能力和管理水平，学校领导班子应自觉尊重、依靠教育科研，切实把教育科研作为"一把手工程"，带头抓科研学习，抓试点示范，抓成果转化，发挥好表率示范作用，大力支持教育科研，积极引导教育科研，使学校教育的质量和办学效益的提高真正转移到依靠教育科研的轨道上。

领导在教育科研工作中的率先示范不仅体现在校领导层面上，也体现在教育科研管理部门（教科室）负责同志的日常工作中。他们作为校领导——教育科研的代言人不仅要落实好各项教育科研管理工作，更要在教育教学过程中体现先进型和示范性，使得广大一线教师切实感受到来自身边的榜样力量，否则教育科研还是会缺乏说服力。

（二）群众性普及策略

其实中小学教育科研本质上既不应该是学校领导的行政要求，也不应该是学校领导等少数人的自发行为，它实际上应该是每一位教师教育教学实践过程中的内在必然。如果教师仅仅把自己定位于一个教书匠，而无暇以科研的眼光看待、审视教育的艺术和内在规律，那么何来教育质量的提升和自身的专业发展？日本学校在教师评估中，教师的教育科研能力是一个重要指标。教师教育科研能力评估包括：教师教育理论、教育实践、重要课程开发研究的能力，接受运用新的教育理论和新的科研成果的能力等方面。近来，这样的考核评估在国内的教师考核中所占的比重正在逐年增加。因此，基于这一认识，学校的教育科研应该还是一项全校性的整体活动，有赖于所有教师共同参与，更应成为教师们教育实践的自觉行动。

如果说领导的率先示范是中小学教育科研扎实推进的优势前提，那么教师的广泛参与则是做优做实中小学教育科研的根本。为正确实施教育科研的群众性普及策略，学校有必要落实好以下几方面工作：

1. 丰富教育科研的主题

以往每谈到教育科研，许多教师常会联想到课题研究，并认为是科研院所的事，将教育科研高深化、神秘化，这很容易将教育科研与我们的教育教学实践剥离开去。其实，课题研究固然是教育科研，而且是教育科研的核心内容，但是并非教育科研的全部。对此作为学校教育科研的领导和负责同志应该思想明确，积极做好宣传疏导工作，真正让教育科研走下神坛，与广大一线教师零距离。

其实中小学教育科研的结构与层次应该是非常丰富的，平常工作中的教学设计、教学反思、教育论文、教育随笔、叙事研究、实验报告、公开课研讨、校本课程开发实践等都是教育科研的范畴，只是相对一般课题研究而言，研究的面可能会窄一点，参与合作的人数以及获得专家与理论指导的机会可能会少一些。但是由于相对灵活自由，适合个性需求，因此在中小学教育科研实践中很受教师欢迎。所以有必要本着普及与提高相结合的原则，本着面向实际，重在应用；面向师生，重在实效；面向发展，重在特色的原则，将教育类、教学类课题以及教师日常的教育教学实践进行整合优化，构建多元化、多层次、个性化的教育科研内容体系，有效拓展学校教育科研的深度和广度，在课题研究为主体的前提下，根据不同教师的科研能力与特长进行有针对性地分解，消除部分教师的畏惧心理，为人人参与教育科研创设前提与可能。

2. 开展"草根化"教育科研

鉴于中小学教育科研的实际基础和独特个性，目前中小学的教育科研已开始了向"草根化"研究方向的转变，选题与研究更贴近教师教育教学实践和需要，许多时间短、人数少、切入点小的课题，以及叙事研究、案例分析等灵活多样的研究形式越来越受到教师的欢迎，教育科研的针对性和实效性明显提升，并开始呈现出少有的日趋繁荣的喜人态势。

3. 形成教科研激励机制

在平凡而辛苦的教育实践中，能坚守教育科研并作出成效，折射出的是教师对事业的追求与教育的挚爱，作为教育科研的管理者适时地予以关心激励，有助于最大限度地调动教师参与教育科研的积极性。为此，许多学校开始建立评选、奖励科研优秀教师的制度和激励机制。如每学年设立教育科研成果奖，对教育科研优秀教师进行表彰，在教师评模选优、晋级培训等活动中予以优先等，以调动广大教师投身教育科学研究的积极性。

人本主义心理学家马斯洛指出："每个人都有自我实现的需要。"实际上，教师参与到教育科研工作中去，也是教师自我提高、自我实现、自我发展的有效途径。对此，在教育科研管理实践中可灵活运用物质激励、精神激励、目标激励、榜样激励、群体激励、岗位激励等多元手段加以调控，在关注教育科研成果量的同时，更关注质与效，将促进教师专业发展、提高教育教学的实效性作为激励的落点，在适度体现差异性的前提下，注重激励的公正性、群体性和积极的导向性，不宜过度突出个人奖励和物质奖励，这样更有利于为广大教师从事教育科研创设良好的激励氛围。

4. 培育科研型教师团队

培育科研型教师团队、打造科研型师资梯队是扎实推进中小学教育科研的人才保证，为此中小学教育科研要注意做好以下几方面的工作：

（1）典型启发

中小学校长要鼓励教育科研的先进人物，即使在一个科研空气很淡薄的学校，也一定有一些热心教育科研的教师。对于这种典型，我们要善于发现，积极扶持，大力宣传，用他们的现身说法来带动其他教师。

（2）系统培养

鉴于不同教师教育科研的不同特点，中小学教育科研管理职能部门，如教科室，可对教师分层提出要求：对于科研新兵，重在抓学习，让大家在"游泳"中学会"游泳"；对于骨干教师，则给任务，压担子，发挥其辐射效应和核心作用，依靠他们在教育科研实践中去凝聚一批人，带动一批人，培养一批人。并不断通过学习、合作、交流、培训、专家指导与集体攻关等形式，开阔眼界、拓宽思路、增长才干，实现教育科研和科研团队的"分层递进，主体发展"，使教育科研真正成为每一位教师的自觉行动、行走方式及共同的价值取向。并在此基础上，逐步形成"理念融通、和谐共进、追求卓越、崇尚创新"的科研文化氛围。建设一支高素质的科研骨干队伍和一批科研型教师群体，并且在他们的示范带动下，形成全员参与教育科研的良好局面。

（三）全程化管理策略

学校教育科研工作是一项长期的系统工程，不能忽冷忽热，更不能半途而废，需要建立相应的管理制度。它的全面落实，离不开健全的、行之有效的教育科研组织网络，以及系列化、规范化的教育科研管理制度。对中小学教育科研实行全程化管理策略，是扎实推进教育科研的重要保障，有利于促进学校教育科研工作的科学、高效、规范运作。

1. 组织制度管理

组织网络方面：学校可以组建以校长室为统领，教科室为核心，以课题组长、教研组长为中坚，各部门负责人及骨干教师为纽带，广大教师全员参与的工作网络。

制度建设方面：一方面全面执行国家、省、市、区教育科研管理或工作规范。另一方面，学校尽早制订有关教育科研工作管理制度，并逐年修订、补充、完善，形成一套系统的《学校教育科学研究工作管理规范》，涉及课题申报、开题、结题、例会、学习、培训、考核、评审、奖励、出版、交流、推广等必要程序和制度，同时做到资料齐全，存档有序，确保学校教育科研工作的顺利开展。

2. 构建科研工作创新管理模式

针对不同学校的不同特点，中小学开展教育科研工作，不宜简单地照搬别人的模式，而是要在自身实践的基础上积极反思，逐步构建符合校情的科研管理创新模式，使科研管理更具有针对性和实效性。

例如有的学校采用"五个一"的科研常规管理模式，即每学年全校组织一次课题申报、审批、立项工作；进行一次科研论文评选；召开一次教育科研工作年会；开展一次对教师个人和学科集体的科研工作评估；编印一本教育科研论文选集。而能力强的学校可能会将这些工作提升到每学期一次。

教育科研全程化管理要突出教师的主体地位，切不可简单地用各项考核的科研指标取代教师的中心地位。教育科研的真正目的并不是要看教师到底完成了多少课题、几篇文章或是获得了多少奖项，关键要看教师在这一过程中是否获得充分发展，并将这些发展带给我们的学生，这也是人本管理的精神内核。事实上，我们的教育科研只有始终将追求师生全面健康地发展放在首位，才可能真正充分调动广大教师的积极性和创造性，使教育科研及管理获得效益的最大化。

第二章　名校科研管理制度参考

本章内容参考东北师范大学附属中学明珠学校科研管理制度。

教育科研课题管理暂行规定

一、总　则

第一条　为了充分发挥我校科学研究的优势和潜力，完善科研课题管理的管理制度，促进科研课题的顺利运行，鼓励并支持广大教师和工作人员积极承担科研课题的研究任务，提高学校的办学成效和教育教学质量，特制订本规定。

第二条　科研课题的类别：国家级课题、省级课题、市级课题、校级课题四类。

1. 国家级课题：国家级课题分两类管理，一类是由教育部、全国教育科学规划办公室下达的国家规划课题，既包括教师独立承担的课题，也包括承担一些国家级课题的子课题。另一类是由各学会下达的非规划性科研课题。

2. 省级课题：省级课题也分两类管理，一类是由吉林省教育科学规划办公室下达的省级规划课题，另一类是由吉林省教育学会下达的社群类课题，非省级规划课题均列入此列。

3. 市级课题：由长春市教育科研所、长春市教育科学领导办公室下达的市级课题以及长春市重点课题的子课题均属于市级课题。

4. 校级课题：由学校各教研组、年级组根据自己发展的实际情况确定的教育科研课题以及教师个人根据自己的研究专长申报的课题称为校级课题。

第三条　科研课题立项的指导思想：重视基础研究，加强应用研究和实践研究，根据中学教育科研的实际，有步骤、有计划、有目的地开展研究。科研课题的研究要和国际基础教育的发展接轨，要和国内教育的前沿问题紧密相关，并和学科建设紧密结合起来。充分发挥集体和个人的优势，鼓励创新和大胆探索。

二、科研课题立项和申报程序

第四条　科研课题项目的申报、立项原则：实践性，即学校的课题研究要紧密联系学校教育教学工作实际；科学性，即课题研究的理论与事实依据充分，研究的目标明确，内容具体，方法科学，步骤合理；可行性，即学校课题研究实行课题组组长负责制，课题组组长要有一定的学术水平、研究能力和组织能力，能够带领课题组成员顺利完成课题研究工作。

第五条　课题申报程序：凡申报校级课题，须详细填写《东北师大附中教育科研项目申请书》（一式两份），提交给学校教育研究室。经由学校教育研究室及专家咨询委员会对申报课题进行论证评审，从而确定校级一般课题、校级重点课题。同时向在吉林省、长春市以及教育部推荐优秀科研课题，经过省、市、教育部的审批，从而确定国家级、省级、市级重点课题和一般课题。

第六条　课题研究内容：由各课题组依据实际情况确定研究内容，课题研究内容可以是以教育调查、教育教学实验、科学经验总结、文献情报研究以及应用技术研究等各种形式体现，但是课题研究内容必须与教育教学实践紧密结合，其研究的预期结果会促教育教学质量的提高。

第七条　学校课题申报每年集中进行一次，时间为九月份，但不严格限定时间，可以"随时有课题随时申报"。

三、课题管理

第八条 管理原则：实施分级管理。被确定为国家级、省级、市级的课题由学校研究室和课题组共同管理，学校设立教育科研管理档案（平台式和文卷式相结合）。

第九条 管理方式：学校一般课题实行课题组组长负责制；市级以上课题由课题组组长和教育研究室共同负责。

第十条 在申报、运行、结题过程中，课题组组长的工作职责：（1）全面负责该课题研究工作；（2）保质保量完成课题；（3）负责撰写实验方案和开题报告；（4）制订课题研究计划；（5）部署研究进程；（6）定期开展课题阶段研究活动；（7）总结研究成果；（8）安排做好课题资料收集整理工作；（9）每学期定期两次向学校汇报研究情况。在研究中需要更改研究计划、方案、增减人员须向学校科研领导小组提出申请，经审核同意方能改变；（10）课题组组长负责组织撰写课题实验报告和研究报告，准备结题验收；（11）课题组有职责在学校范围内逐步推广课题成果，并逐步向校外推广。

第十一条 学校每年开展一次课题成果的鉴定、评价与奖励工作。每五年进行一次教育科研个人奖励，同时学校将教师的科研成果向各级有关部门推荐，参加省、市、国家举行的评奖活动。

第十二条 科研项目一经确定，不许擅自改换课题名称及研究内容，遇有特殊情况，须由课题组提出更改意见的书面申请，经教育研究室（校级）和有关省、市教育科研主管部门（省级、市级）同意后方可实施。

第十三条 课题负责人不得随意变动。如确因工作需要或工作调动等原因，课题负责人不能继续参加研究工作，须由课题组向所在部门提出更换负责人申请报告，经教育研究室同意并报上级主管部门批准后方可更换。更换后的课题负责人必须履行原课题负责人的职责和义务，对该课题负全面责任。

第十四条　因客观原因不能在规定时间内完成的项目，课题负责人必须提交报告，经教育研究室核实，报上级主管部门批准后，方可延期或取消；对既不按时完成研究任务又不提交报告者，除按上级主管部门的有关规定处理外，同时撤销经费支持，学校原则上不支持该课题组主要成员下一、二年度课题的申报。

第十五条　项目完成后，课题负责人要提交有关材料，教育研究室经全面检查，确认完成任务后，向课题主管部门提出申请，按计划或合同的要求进行验收、评审或鉴定，并按科研档案管理要求归档。

四、科研经费的使用与管理

第十六条　学校课题经费专款专用。对立项的省、市、国家级课题下拨一定的经费。国家级课题经费 10 000 元；省级课题经费 5 000 元，省级学会课题 3 000 元，市级课题 2 000 元，校级课题 1 000 元。一个课题不享受两次经费支持。

第十七条　课题经费管理：每项课题经费在研究室主任的监督下由课题组长支配，使用时须经课题组长和研究室主任同意，报学校校长和主管教育科研的副校长批准方可使用。

第十八条　使用范围：课题经费用于课题所需的专用图书资料费（与课题无关的图书资料等不能使用该经费）、评审费、分析测试费、调研费、咨询费、复印费等。

学校的科研经费支付论证、成果鉴定费等学术活动所需开支。

课题经费必须专款专用，不得挪作他用，违者必究。

五、附则

第十九条　本规定自公布之日起执行，以往文件中如有与本规定不符的，按本规定执行。本规定解释权归教育研究室。

优秀教育科研成果奖评选条件

类别\项目	优秀科研课题奖	优秀科研论文奖	优秀科研著作奖
评选资格	1. 去年 9 月 10 日～今年 9 月 10 日承担的科研课题，有立项证书，有一定的科研成果。 2. 已经参加学校教育科研成果认定。	1. 去年 9 月 10 日～今年 9 月 10 日发表的科研论文。 2. 已经参加学校教育科研成果认定。	1. 去年 9 月 10 日～今年 9 月 10 日出版的科研著作。 2. 已经参加学校教育科研成果认定。
评选范围与条件	1. 各级各类科研课题由第一主持人或第二主持人申报。 2. 已经结题的课题需要有结题证书。 3. 国家级、省、市级课题已经取得阶段性成果，需要有相应的证明材料和成果资料（发表或出版的文章需要提供原件）。	1. 在各级刊物上公开（或内部）发表的论文。 2. 市、区级以上教育学会（专业委员会）、年会、研讨会上交流的科研论文和著作。 3. 在各级各类教育科研评奖活动中的获奖论文。 4. 包括科研论文、实验报告、调查报告、经验总结、综述。	1. 在各级出版部门公开出版的科研专著。 2. 包括科研专著、编著、合著、译著（不包括工具书、辅导用书，普及读物等）。
评选等级	一等奖：承担国家级课题，在国内外产生一定影响，具有一定学术价值和应用价值的。 二等奖：承担省级课题，在省内外产生一定影响，成果具有一定的学术价值和应用价值。 三等奖：承担市级或校级课题，具有一定应用价值和推广价值的。	一等奖：在省级或国家级刊物上公开发表的科研论文，具有一定学术价值的。 二等奖：在市级刊物上公开发表的科研论文，具有一定学术价值的；在省级以上由行政部门组织的各级研讨会上交流的论文。 三等奖：在校级刊物上公开发表的科研论文，具有一定学术价值的；在省、市级群团研讨会上交流的论文。	一等奖：由省级以上出版社出版，具有显著的学术价值。 二等奖：由市级以上出版社出版，具有较高的学术价值。
备注	兼有多项科研成果者，每类只可申报一项。		

研究室工作常规管理制度

一、组织领导

教育科学研究室（以下简称研究室）直接受校长领导，在分管校长助理指导下工作。研究室日常工作由研究室主任主持，并具体落实学校教育科研的各项工作，研究室下属常设的基本单位是各学科教研室和各年级组。

二、工作内容

1. 组织管理课题研究。每年度，由研究室牵头组织各级课题研究的申报、指导和管理。学校的全国、省、市级、市属级、校级课题，则由教科室组织牵头实施，课题组成员在全校教师中抽调组成，必要时外聘校外教育专家指导。教研主任和课题组组长是学校教科研的一支骨干队伍。研究室定期召开课题组组长会议，学习有关上级文件，互通教学和科研信息，检查课题进度和实施方案完成情况，交流课题研究的阶段性成果，商讨研究中克服困难的措施和方法。

2. 组织课题、论文、案例、著作评奖。每年度进行各级课题研究成果或阶段性成果评比交流一次，教育教学论文、案例评比交流一次，每年教师节评比校级教育科研各类别先进个人，并按学校文件给予奖励。1～2年编印一次教师论文集。

3. 组织安排教师继续教育工作。帮助教师作个人发展规划，定期检查教师读书内容，每学年收取每人4张读书记录卡。配合教务处开展师徒结对子活动，使青年教师在教育教学上得到师傅的关照和指导。不定期邀请教育科学研究方面的专家、学者来校作专题讲座。鼓励教师进修高一级学历，鼓励教师成名师。打造学科市级、省级、国家级骨干教师。

4. 组织安排校本培训。确定"为了学校、在学校中、基于学校"

的实践性原则；在成果目标设置中，确定针对性、研究性、学术性和前瞻性原则；教研内容始终围绕着生命教育办学理念、新课程改革和管理、师德方面中的"问题"和"主题"；教研形式上主要是将校本教研和校本培训、校本科研有机结合。侧重课题带动，使实验过程变成既出成果，又出理论，更出人才的过程。

5. 建立教科研档案

（1）建立课题档案。分学校、学科教研室和教师三类，按课题类别建档。一个课题一个档案盒，包括申请、审批、人员、实验班级、实验过程、数据记录、统计研究、实验报告、总结论文、评估结果等全部材料。

（2）建立教师专业发展文本档案和电子档案。按学科组建立每个教师个人专业发展档案盒，汇编教师的身份证、学历证、学位证、教师资格证、职称证、普通话合格证、信息技术合格证、个人教育科研成果获奖证书的复印件。电子档案通过校园数字平台实现。

（3）建立教育科研获奖档案。按年度编档，每年一个档案盒，汇集该年度教师论文获奖、课题研究获奖、教育科研工作先进集体和先进个人的证书复印件及有关资料等。发表在各种报纸、刊物上的论文，以复印件（封面、目录和论文内容）存档。

6. 开发校本课程。合理规划学校校本课程结构和内容，开发出生命教育核心课程。

7. 加强宣传工作，及时对外宣传学校及师生的各类喜讯。针对师生获得的一定级别嘉奖和学校取得的各级各类成果，研究室以新闻或喜报形式及时通过校园内外网络和《生命教育探索》通报全校或社会。

第十讲 中小学总务管理策略

第一章 中小学总务管理策略概述

一、中小学总务管理的内容、原则和目标

学校总务工作是为完成教育、教学任务而开展的各方面的服务性的管理工作，其管理内容大致有三部分，即办学的基本设施、教学科研的物资供应和为师生员工的生活服务。

学校总务处的工作任务是：管理好学校的物资财产，建设良好的教学环境，充实和完善教学设备，改善老师和学生的生活条件。

学校总务管理工作一般要遵循下列原则：先进思想引领的原则；为教学服务的原则；为师生服务的原则；从实际出发的科学性原则和勤俭节约原则；廉洁奉公、服务育人的原则。

学校总务管理的目标是：后勤工作制度化、设施建设标准化、管理行为规范化、服务保障人性化、环境维护生态化、养成教育常态化。

二、搞好中小学总务管理的措施

学校总务后勤工作是学校管理工作中不可缺少的重要组成部分，在全面推进素质教育、全面实施新课程改革的实践中，必须树立"以人为本"的服务理念，围绕"教育教学"这个中心，做到思想和行动两个到位，突出思想、制度、材料三项建设，抓住财物供应、生活服务、环境建设、安全管理四个环节，不断提升管理和服务水平。

首先，要摆正位置，理顺关系，以学校教学工作为中心。

学校管理的内容很多，各种机构各负其责，其中教学工作是学校

工作的中心，是基础教育的核心职能之所在。学校后勤工作尽管是千头万绪，繁杂琐碎，其出发点和归宿点都必须落脚到教学这个中心上来，围绕和服从教学需要，保证和促进教学工作的开展。特别是在财力和物力的安排、使用上，要确保教学这个中心，在经费紧缺的情况下，对经费的使用应分轻重缓急，有增有减，尽可能地保证教学科研经费，对其他可办可不办的事要压缩或削减。

其次，要端正思想，转变作风，提高服务质量和服务效率。

因为学校总务工作涉及广大师生员工及广大家属的切身利益，要求总务管理者发挥高度的主观能动性，积极、主动、热情、周到地做好服务工作。只要在思想深处解决了为谁服务的问题，工作就会由消极变为积极，由被动变为主动，就会做到积极、主动、自觉地为群众服务，群众就会拥护你。

此外，总务管理者还要有高度的敏感性，因为学校总务工作的服务对象不是一般的社会人员，大部分是知识分子。服务态度的好坏，物资条件是否得到满足，要比社会上敏感得多。作为学校总务管理者，要善于了解群众需要，观察动向，研究心理。既要考虑群众利益与需要，又要考虑可能性。有多大能力，能为群众解决哪些问题，都要从全局出发。既要考虑周到，避免盲目性，又要雷厉风行，急别人之所急。因此要求总务管理者有高度的敏感性，善于抓住事物的苗头，把工作做到位。

再次，要科学管理，建章建制，增强总务工作的规范性。

总务管理者必须认识到学校总务部门集中了大量的人、财、物，对内接触到全校各个阶层和广大师生员工，对外又直接和有关业务部门联系，有的还需要受业务部门的领导。因此，正确地贯彻执行党的方针政策，克服盲目性和自由主义，对搞好总务工作有着重要意义。例如，总务部门在一年内所经手的经费几乎达到学校行政经费的三分之一，每一项经费的支出都必须受到财务制度制约，严格遵守财经纪律，要在财经纪律所允许的范围内收支。对物资的采购也带有很强的政策性。这就要求总务管理在所涉及的人、财、物三个方面建立一套比较完整的、行之有效的规章制度。在管人方面，建议实行岗位责任制，对总务各类人员，从主任、采购员、保管员、水电维修工到临时工等，都要制订明确的岗位责任和奖惩制度；在管财方面，严格执行《大型采购项目和重大工程招标制度》的要求；在管物方面，针对桌椅维护、备品发放、设备检修、固定资产管理等方面都要制订具体的管理制度，规范流程、保障服务质量。通过这些管理制度的制订和实施，逐步促进后勤工作的规范化，做到人人有事做，事事有人管，管理有章法，从而全面提高总务工作的管理实效。

最后，要加强学习，打造队伍，提高总务人员自身素质。

基础教育改革的发展带有鲜明的时代特征，中小学总务管理工作也要与时俱进，紧跟教育改革发展的步伐。为此，必须加强学习，打造一支思想理论水平、管理服务水平和专业技术水平都过硬的总务人员队伍。一方面要认真学政治理论，确立为教学服务、为师生服务的思想，甘当无名英雄。要学业务，不断提高为人民服务的本领；还要学习教育学、管理学，学习教育体制改革，学习有关方针政策、制度。通过学习，积累新知识，提高工作效率，为多出人才，出好人才多作贡献。应当纠正只重实际工作，以干代学的错误观点。可以通过组织学习、开展个别谈心、对话交流等形式，使后勤人员正确认识自身工作的意义，增强光荣感、责任感，提高积极性、主动性和创造性，同时，总务管理者也要认真关心后勤人员的生活、福利待遇上的一些实际问题，使他们真正感受到组织的重视和关心，从而激发起他们搞好后勤工作的内在要求。由于后勤部门直接管钱管物，更要特别重视对后勤人员的廉政教育，要求自觉抵制不正之风、廉洁奉公。

总之，总务管理工作是办好学校的重要条件，搞好总务管理工作是中小学行政管理的重要内容。只有坚持"解放思想、实事求是、与时俱进"的方针，不断地学习，不断地发现新问题，探索新方法，解决新矛盾，立足本职工作，把握教育发展的脉搏，更新服务理念，才能不断提升服务水平，推动学校各项工作的顺利开展。

第二章 名校总务管理制度参考

本章内容参考东北师范大学附属中学明珠学校总务管理制度。

校固定资产管理办法

一、固定资产的范围、分类与作价

第一条 属于下列条件之一的，为固定资产：

1. 单价在 800 元以上，耐用期在一年以上的教学、科研用仪器设备。

2. 单价在 500 元以上，耐用期在一年以上、能够独立使用的一般设备。

3. 单价虽然达不到固定资产标准起点，但耐用期在一年以上的大批、同类财产，也作为固定资产进行管理。

4. 办公家具无论价值多少都按固定资产进行管理。

第二条 凡是自制、接受捐赠或调拨的资产，符合第四条规定的都应估价列入固定资产。

第三条 固定资产按原值入账，但原有的固定资产，有下列情况之一者，增减其原值：

1. 因加工改造而增加零配件时，按所开支的成本费增加其原值。

2. 成套设备，因损毁或拆除其原有一部分时，应减少其原值。

3. 房屋和建筑物的拆除、改建应按增减固定资产分别处理有关账务。大修理、修缮和维修所开支的费用，均不增加固定资产的原值。

固定资产原值增减由使用单位提出计划。

第四条 已投入使用但尚未办理移交手续的固定资产，可先按估计价值记账，待确定实际价值后，再进行调整。

二、固定资产的增添、验收和登记

第五条 增添固定资产，必须根据学校发展规模和专业设备情况全盘规划，并满足教学科研任务的需要，保证重点，分清缓急，贯彻勤俭办学的方针，精打细算地制订增添计划，要避免重复购置，造成积压浪费。

第六条 各单位所增添的固定资产，由固定资产管理人员组织有关人员及时进行全面认真验收，如质量、数量不符，应及时向主管部门反映，以便办理更换、退货、索赔等。对于以托收承付为付款方式购置的固定资产，如超过承付期验收，所造成的各种损失，由责任人赔偿。

第七条 凡增添固定资产（包括自制、调入和捐赠），必须办理验收、编号、登账等手续。增添固定资产时，无论通过何种渠道，使用何种经费，一律持本校统一的固定资产入库单（有单位主管、验收、采购人签字），由总务处固定资产管理人员签字后，才能在财会室办理报销手续，未办理上述手续的固定资产，财会室一律不能报账。

第八条 各部门要指定专人负责固定资产管理工作，如有人事调动等情况，应及时重新指定负责人员，确保固定资产管理工作的连续性、准确性。

第九条 自制、赠送或调入的物品应办理登记手续，凡符合第二章规定的按第九条办理固定资产登记建账手续，任何单位和个人不得隐匿留用。

三、固定资产的使用、保管和清查

第十条 加强固定资产的管理工作，务必做到"坚持制度、责任到人"。

第十一条　各级固定资产管理人员，对所保管的固定资产负全部责任，任何人员未经管理人员的同意，不准擅自移用。全校人员都必须尊重管理人员的职权。

第十二条　固定资产实行电脑管理，每台设备要在明显处打卡，实物要与电脑记录相符。

财务室设置固定资产总账，总务处设置全校固定资产（图书、文物除外）分类分户明细账。

总务处和财务室每月对账一次，保持账账相符。和各部门每半年对账一次，经常保持账物相符。年终全面进行账账核对及账物核对。

第十三条　学校固定资产原则上都在单位使用，因工作需要携出校外时，须经单位主管负责人批准，办理借用手续。

第十四条　固定资产因使用单位或管理人员玩忽职守或保管不善，致使发生损坏、丢失，应追究责任，根据情节轻重责令赔偿。

四、固定资产的变动

第十五条　固定资产的变动（指固定资产的对外调拨、出借、报损、报废、丢失和变价等），必须经过校长批准。

第十六条　固定资产需报损、报废时，保管使用单位要详细填写"固定资产报损、报废（丢失）申请表"，并认真进行技术检查后，报主管校长审批，到总务处办理固定资产报废手续。

第十七条　调拨固定资产应填写调拨申请单，到总务处办理调拨手续后，进行实物交接。

第十八条　报废的固定资产处理后如有残值，残值应如数上交到财务室。

学校办公物品管理制度

一、仓库保管员岗位职责

1. 应按照教学的要求，合理设置各种办公用品。

2. 对每次发生的业务及时记账。

3. 要做好各种物品的日常核查工作，每学期对仓库物品进行一次检查盘点，做到账、物一致。

4. 开学初，应提前提供采购物品汇总表，上报总务处主任。

5. 做到物品分类、有序管理，保证仓库整洁。

二、物品入库规定

1. 物品入库时，应凭送货单办理入库手续。

2. 入库时，仓库管理员要查点物品数量、规格，检验质量。

三、物品出库规定

各部门领取办公用品要有经手人签字的出库单，方可出库。

学校安全用电管理制度

为了进一步加强学校的用电管理，确保师生的人身安全，提高教职工的安全用电意识，特制订安全用电管理规定。

1. 全校用电由总务处专人管理。

2. 各处室安全用电由本部门安全负责人负责。平日注意节约用电，下班离开办公室必须做到切断灯、饮水机、电脑、空调等电器电源，责任到人。

3. 教室安全用电由班级负责管理。班主任要经常对学生进行用电安全教育。

4. 严禁私自乱接电源，严禁使用电加热棒、电炉子等。

5. 凡电器或线路出现问题，必须立即停止使用，并及时报告学校总务处，严禁自行处置。

学校校舍设施维修维护制度

为确保学校设施安全，优化育人环境，全面提高教育教学质量，为教育教学提供一流的服务，特制订以下校舍维修、维护制度。

1. 学校有关人员应经常在校园内检查校舍及各类公用设施使用情况，并进行日常维修、维护，以保证校舍的完好和设施的正常使用。

2. 各类维修人员做好全校的办公用具、课桌椅、照明以及线路、管路的维修、维护工作。

3. 各部门应爱护公物，发现问题及时报修。

4. 水、电、供暖设备定期检测维修，确保畅通安全。

5. 防雷设施每年检修一次，要有相关部门的检测报告。

6. 学校教学楼、体育馆、食堂要有相关部门的质量检测鉴定报告。

7. 建立学校设备档案，做好设备日常维修、维护记录。

学校招标、采购管理实施细则

为使我校招标活动更加规范，节省更多的资金，提高工程质量，依据《中华人民共和国招投标法》，并参照《学校招投标管理实施办法》，特制订本细则。

一、组织机构

经校长办公会讨论，同意成立明珠学校招标采购领导小组（简称招标小组），由职能处室、监督部门、专业技术和使用单位四方面人员组成。

招标小组成员如下：

组长：校长

纪检监察：党委书记

秘书：校办主任

组员：各位校领导及处室主任及专业技术人员

二、工作职责

招标小组，主要是组织基建工程和基建物资、教学仪器设备和办公桌椅、办公纸张及教师办公用品的采购招标活动。

三、前期准备

招标活动的前期准备工作，由招标小组负责。

1. 要加强计划性，形成批量规模。尽量形成批量采购，吸引厂商，促进竞争，降低成本。

2. 要加强市场调研，做好前期准备。首先要做好选型工作，满足教学科研需要；要充分了解市场行情，做到心中有数；要公开招商并审核资质和业绩。每项招商不得少于 3 家，招标开始后仍不到场，视为自动弃权。

3. 要根据采购需求制订标书。标书内容要详细具体，以免引发争议。

4. 要根据招标内容组织招标人员。在招标开始时负责介绍招标、投标概况。

四、议事规则

招标小组严格实行民主管理和集体领导，工作程序依法进行。

（一）基本宗旨

招标小组成员代表学校和各使用单位的根本利益，必须公平公正，客观全面，不倾向或排斥某一投标厂商，并对个人的评标意见负责。

（二）组织纪律

招标小组成员不得以招标名义私下接触投标人，不得接受投标人的宴请，不得收受投标人的礼物，不得透露对中标文件的评审、比较以及评标有关情节。凡是国家规定集团购买的招标项目，不得改变交易方式，更不得变成个人行为，必须坚持集体决策。凡是擅自违规操作，以个人身份所签协议和合同视为无效，并追究有关人员的纪律责任。材料出现问题，组长是第一责任者，工作组集体负责。招标采购领导小组成员的亲属不能参与招标。

（三）评标原则

坚持最大限度满足招标文件规定的各项评价标准；坚持满足招标文件所规定的实质性要求后，同质比价；坚持质量第一，以防招标价格低于成本价格带来后患；价格最低，不一定是最好的标；争取最大回报率。

（四）评标方法

在各投标厂商开标后，招标小组成员要充分地讨论评标，要求各抒己见，畅所欲言，充分发表自己的见解。在充分讨论的基础上，以无记名投票方式或其他方式产生中标者，少数服从多数，如果两家以上出现同等票数要进行重新投票。每次招标活动结束，要现场做出招标记录，招标小组成员要当场签字，每次招标要建立招标档案一套，以备查考。

五、招标、采购计划

1. 大宗（批量价值在 5 000 元以上）和大额（一般在 5 万元以上）的商品，必须通过招标形式采购。

2. 校基建工程应到市建委招标办公室进行公开招标。

3. 基建物资，凡是单位 5 万元以上、批量金额 10 万元以上，必须经招标领导小组公开招标，同类产品可实行统一招标。

六、合同管理

根据招标记录签订和执行采购合同。如需变更合同或在合同执行中引发争议,按国家《合同法》办理,并报告招标小组。最后由秘书和主管主任负责,把招标文件、招标记录、书面合同等有关文件要装订成册,存档备查。

七、货款支付

东北师大审计处作为学校最后的审计部门,审计后在预算书或采购合同上签字。财务部门按合同和审计后的预算书支付货款,留5%风险金。

校园安全管理制度

为保障学校正常管理秩序,保护学校和师生员工的人身、财产安全,杜绝或尽量减少安全事故的发生,遵循"注意防范、自救互救、确保平安、减少损失"的原则,根据学校实际情况,制订本管理制度。

一、安全管理规定

1. 学校安全工作由校长领导下的安全工作领导小组(综合治理领导小组)负责。各处室、年级向领导小组负责,实行责任追究制。

2. 各处室主任是本部门安全管理工作的第一责任人,负责落实执行学校安全管理规定及要求和本部门安全管理工作。

3. 每年9月,学校与各处室主任(部门安全第一责任人)签订安全管理责任书,各处室主任与所责任的部门责任人(年级主任、学科主任等)层层签订安全管理责任书。

4. 建立重大事故报告制度。出现事故及问题,第一时间上报主管领导。不得隐瞒责任事故。

5. 学校针对教职员工定期进行有关安全方面的知识教育,教育形式应多样化；相应部门要针对性地对学生进行安全教育。要对学生进行紧急突发问题处理方法、自救互救常识的教育。定期进行安全演练。

6. 建立健全领导值班、教职员工值宿、保安员职责、更夫值宿等制度；加强学校教育教学活动的管理，保证学校的教育教学秩序正常运行。

7. 相关部门加强对教师的师德教育，树立敬业爱生思想，提高教学水平和质量，随时注意观察学生心理变化，防患于未然，不得体罚和变相体罚学生，不得将学生赶出教室、学校。

8. 学校每周进行安全检查，发现隐患及时消除并做好记录，对当事人及部门安全管理工作负责人按《安全管理及责任事故追究制度》规定处罚。

9. 学校要经常检查校内围栏杆、扶手、门窗以及各种体育、课外活动、消防、基建等设施的安全情况，对有不安全因素的设施要立即予以维修和拆除，确保师生工作、学习、生活场所和相应设施既安全又可靠。

二、消防安全规定

为加强消防安全工作、保护公共财产、师生的生命及财产安全，现把消防安全工作纳入学校的日常管理工作之中，特制订以下消防安全制度：

1. 加强全校师生的防火安全教育。按《消防法》的要求，做到人人都有维护消防安全、保护消防设施，预防火灾，报告火警的义务。要做到人人都知道火警报警电话119，人人熟知消防自防自救常识和安全逃生技能。

2. 保障校内的各种灭火设施的良好。做到定期检查、维护、保证设备完好率达到100%，并做好检查记录。

3. 教室、办公室、学生安全出口、疏散通道保持畅通，安全疏散指示标志明显、应急照明设备完好。

4. 学生聚集场所不得用耐火等级低的材料装修。

5. 易燃、易爆的危险实验用品，做到专门存放，由化学实验员两人同时负责保管，在室内必须有沙池、灭火器等。在利用易燃、易爆化学药品做实验时，教师必须在做实验前向学生讲清楚注意事项，并指导学生正确使用，防止火灾事故发生。

6. 图书馆、化学实验室、物理实验室、生物实验室、机房等场所严禁使用明火，下班后工作人员要及时关好门窗，确保安全。

7. 消防栓、防火器材等消防设施，要人人爱护。任何人不得随意移动和损坏，违者要严肃处理。

8. 加强用电安全检查，电工必须经常对校内的用电线路、器材等进行检查，如发现安全隐患，要及时进行整改、维护，确保安全。

9. 各办公室、教室严禁使用明火，禁止烧电炉、热得快，点燃蜡烛、蚊香，严禁吸烟，严禁私拉乱接电线。不准私自接用任何家用电器。

10. 食堂必须使用合格的压力容器、炉具等，每年要检测，要定时检查，严格按操作规程操作，严防事故发生。

11. 对因无视防火安全规定而造成不良后果者，要从重处罚，直至追究法律责任。

校园安全管理及责任事故追究制度

为强化学校全体员工安全管理意识，进一步明确各自的岗位责任，建立健全安全管理长效机制，确保学校师生生命财产安全，努力为师生创建文明、健康、和谐校园，遵循"注意防范、确保平安、减少损失"的原则，杜绝减少安全事故的发生，学校特制订安全管理及责任事故追究制度，要求学校全体教职员工严格依照此制度执行。

一、安全管理责任事故的界定

本规定是指学校的各部门安全防火、防盗工作。

1. 因工作失职或违反有关安全工作管理规定或操作规定，出现安全隐患或发生安全问题的，视为安全责任事故。

2. 因未能认真履行工作职责而给他人或学校造成财产损失的，视为财产损失责任事故。

3. 因未能认真履行管理职责，导致所属部门或工作人员出现责任事故的，视为管理责任事故。

二、安全管理规定

1. 教职员工的贵重物品严禁下班后放于办公室内（笔记本电脑、移动硬盘、手机、现金等），以免造成安全隐患或丢失。

2. 严禁在办公室内使用明火、电炉子、电水壶、热得快，点燃蜡烛、蚊香，吸烟等，严禁私拉乱接电线，不准私自接用任何家用电器。

3. 下班后关好门窗，切断电源。

4. 各部门安全责任人亲自或指派他人每天下班前对办公室进行安全检查，发现安全问题、隐患要及时处理，并通知当事人。

三、安全责任事故的追究及处罚

学校综合治理领导小组不定期对各部门办公室进行检查，凡是出现上述责任事故的，经认定，视责任轻重对部门安全管理责任人和当事人进行50~100元的处罚，形成事故责任处理意见，并经由学校主管领导签字后，送学校财务室执行。如果事故造成直接或间接经济损失的，根据认定和评估结果按相应比例赔偿。

学校食堂食品安全责任制度

  第一条 为加强学校食品卫生管理，有效控制学校食物中毒及其他食源性疾患的发生，保障师生员工身体健康，根据《中华人民共和国食品卫生法》和《学校食堂与学生集体用餐卫生管理规定》，结合学校实际，制订本办法。

  第二条 学校校长为学校食堂食品卫生安全管理工作第一责任人。校领导应把食品卫生安全工作列入学校重要议事日程，定期召开会议，专题研究食品卫生安全工作，建立健全各级管理责任制和责任追究制。

  对卫生行政部门或教育行政部门提出的整改意见，主管校领导必须及时责成相关部门进行全面整改。

  第三条 总务处在主管校领导的领导下，全面负责全校食堂食品卫生安全管理工作。学校设立专职食品卫生监督管理人员，具体负责监督检查学校食品卫生安全以及相关政策、措施和制度的落实，履行监督检查的职能。

  第四条 办公室应对食堂等易发生食品卫生安全事故的场所加强安全保卫工作，严禁非相关岗位人员进入食堂的食品加工操作间及食品原料存储间等，严防投毒事件的发生，确保学生用餐安全。

  第五条 学校以多种形式对学生进行宣传教育，教育学生不买街头无照、无证商贩出售的食品，不食用来历不明的可疑食物，增强学生食品卫生安全意识和自我保护能力。

  第六条 学校食堂应取得卫生许可证方可营业。校内饮食从业人员必须经过培训，体检合格后方能持证上岗。学校要定期对相关人员进行食品卫生法律知识的培训。

  第七条 发生食物中毒或其他食源性疾患事件，主管校领导应立即到现场进行指挥，组织抢救，防止事态扩大，并及时向卫生行政部门和教育行政部门报告，积极配合有关部门进行调查、处理。

第八条 对于饮食工作各级责任人员违反规定，不履行或者不正确履行其各自职责，造成就餐者身体损害甚至生命危险的，按照有关规定，追究相关人员的法律责任。

第九条 对有关人员有下列情形之一的，追究其相关责任：

（一）有下列情形之一者，追究食堂负责人的责任：

1. 食堂发生严重食物中毒事故并造成人员伤亡。

2. 未建立食品卫生负责制或未设立专职或兼职食品卫生管理人员。

3. 未建立食堂内部食品卫生安全管理制度或管理制度不落实。

4. 食堂未取得卫生许可证而从事经营活动。

5. 卫生许可证不及时更换。

6. 员工上岗未持有效健康证。

7. 食堂发生重大食品卫生安全事故不及时上报主管部门。

8. 未对员工进行食品卫生安全知识培训、测验、考核。

9. 不按照食品卫生法及卫生要求进行验收、加工、生产、销售。

10. 用不正当手段私自购买食品。

11. 食堂发生食物中毒事故并造成重大影响。

12. 不主动配合饮食中心及业务部对食堂食品卫生安全进行管理与检查、自查。

13. 在食堂食品卫生安全管理过程中发现食堂有违反规定的行为而不予以及时纠正、制止。

14. 不及时传达上级有关食品卫生安全政策和相关规定，造成工作出现失误。

15. 食堂发生食品卫生安全问题不及时上报上级主管领导。

16. 食堂发生食品卫生安全问题未采取措施，或措施不力造成严重后果。

17. 食堂发生食物中毒事故并造成严重后果。

18. 未按照学校食品卫生安全管理制度对食堂食品卫生安全进行检查，或检查次数、纠正力度达不到要求而出现问题。

19. 对食堂食品卫生安全检查出的隐患整改不力造成严重后果。

20. 不主动配合上级卫生主管部门检查，有失职行为。

21. 未及时传达上级卫生主管部门的有关政策及工作要求，造成不良影响。

（二）有下列情形之一者，追究食堂保管员的责任：

1. 对食品验收不把关造成不良后果。

2. 对库存食物不检查造成积压或过期、变质。

3. 让食堂使用过期、变质的不合格食品。

（三）有下列情形之一者，追究食堂厨师、服务员的责任：

1. 使用、加工、出售腐烂、变质、过期的食品。

2. 发现食品原料有问题不上报经理或主管部门，造成不良后果。

3. 食堂发生食物中毒事故并造成严重后果。

4. 未办理健康证上岗。

第十条 责任及处分

（一）处分原则

1. 由于工作不负责任，经营不符合卫生标准的食品，造成食物中毒事故或者其他食源性疾患，给学校和就餐者造成一定的损害或不良后果的，给予直接责任人记大过及其以下处分。

2. 工作严重不负责任、经营不符合卫生标准的食品，造成严重食物中毒事故或者其他严重食源性疾患，对人体健康造成严重危害，给学校和就餐者造成严重损害或严重不良后果的，给予直接责任人撤职及其以上处分。生产经营的食品中掺入有毒、有害的非食品原料，构成犯罪的，报司法部门依法追究其刑事责任。

（二）处分种类

学校在编人员违反本办法的，应分别给予警告、记过、记大过、撤职、留用察看、开除等处分；造成严重食物中毒事故，构成犯罪的，移送司法机关处理。

学校食堂外聘的单位和个人，造成食物中毒事故的，依照有关规定，承担相应的民事责任；构成犯罪的，移送司法机关处理。

第十一条 责任追究程序

一旦发生食品卫生安全事故，由学校组织相关负责人进行调查并写出事故调查报告，提出初步处理意见，报后勤、校长室等有关部门依据相关规定追究有关责任人的责任。

第十二条 本办法由后勤处负责解释。

第十三条 本办法经校长办公会议审议通过，自公布之日起施行。

第十一讲　中小学财务管理策略

第一章　中小学财务管理策略概述

国家中长期教育改革和发展规划纲要中明确指出："教育投入是支撑国家长远发展的基础性、战略性投资，是教育事业的物质基础，是公共财政的重要职能。要健全以政府投入为主、多渠道筹集教育经费的体制，大幅度增加教育投入。"

"各级政府要优化财政支出结构，统筹各项收入，把教育作为财政支出重点领域予以优先保障。严格按照教育法律法规规定，年初预算和预算执行中的超收收入分配都要体现法定增长要求，保证教育财政拨款增长明显高于财政经常性收入增长，并使按在校学生人数平均的教育费用逐步增长，保证教师工资和学生人均公用经费逐步增长。按增值税、营业税、消费税的3％足额征收教育费附加，专项用于教育事业。提高国家财政性教育经费支出占国内生产总值比例。"

因此，随着义务教育的普及，"一费制"的实行，适应新形势下教育体制改革，加强、加快学校财务管理是一项重要而又艰巨的任务。面临诸多新的挑战和任务，严格执行财经纪律，强化内部管理，逐步实现财务管理程序化、规范化、精细化和预算化，是做好学校财务管理工作的重要保证。中小学财务部门只有审时度势，创新工作理念，完善管理机制，才能更好地维持学校教育教学工作的正常开展。同时也给中小学财务管理人员提出了更高、更严的要求。

要正确认识学校财务管理的内在含义，树立科学的财务管理观。管理的两大基本职能，即控制职能与协调职能，它们构成了管理的双向性，缺一不可。控制旨在约束行为、形成规范，依靠权力、制度等；协调旨在理顺关系、形成合力。因此，在学校财务工作中，校长、财务人员要正确认识和把握好管理的内在关系，树立科学的财务管理观，因校制宜地做好财务管理工作。

中小学的财务管理要明确指导思想，全面为教育教学服务，要明确财务工作就是围绕教育教学开展的，做到了这一点，才能确保教育事业的顺利发展。

一、财务人员要认真学习贯彻《会计法》和《中小学财务制度》

《中小学财务管理制度》作为中小学财务活动的行为规范，具有相对的独立性和系统性。能否贯彻落实好，这与国家的有关政策，如收入与分配政策、收费政策等，以及其他有关制度如会计制度、资金管理制度紧密相关。因此，首先必须认真学习，深刻理解，掌握会计法律、法规、制度，结合本单位经济业务需要，建立健全内部管理制度，并按照规定办理会计事务，进行会计核算，实行会计监督，制止和纠正违反会计制度的不正之风。另外，还要通过各种形式积极向领导、群众和社会宣传《会计法》和《中小学财务制度》的内容和准则，宣传实施的重大意义。

二、要建立健全内部会计控制制度

《会计法》中明确提出了单位实施内部会计监督的要求，这充分体现了内部会计控制的本质。以此为依据，财政部颁布了《会计基础工作规范》，作为《会计法》的配套规章。对于中小学来说，作为一个会计单位，自然应该按照《会计法》及其配套要求，加强内部会计控制和管理。

建立健全内部控制制度，内部会计控制制度是最首要、最基本的内控目标，是保障内控制度实施的第一道防线，而会计核算和内部会计控制是相互联系、相辅相成的，没有有效的内部会计控制制度，会计核算的质量就难以得到保证，内部控制制度就无从谈起。而会计控制应当涵盖单位内部涉及会计工作的各项经济业务及相关岗位，并应针对业务处理过程中的关键控制点，落实到决策、执行、监督、反馈等各个环节。在会计核算过程中实行有效的事前、事中、事后的内部会计控制，使内部控制制度在会计内部控制制度的基础上得到有效的质量保证。因此，要加强内部会计控制制度和管理，约束单位内部涉及会计工作及与经济活动相关的所有人员，任何个人都不得拥有超越内部会计控制的权力。实行内部会计控制制度是落实《会计法》的具体措施。

三、要加强中小学财务工作的内部管理

要针对中小学财务管理的薄弱问题，组织有关专家、学者认真研究教育工作中的经济活动，制订相应的标准、定额和方法，夯实教育资金管理的基础。

在管理上，应借鉴国外的先进管理方法，结合我国实际，改进我们的管理方式，应该采取以下管理方式：

一是部门预算管理。即按零基预算编制方法，科学地制订定额和全年开支标准，并加以实施，这样不仅可以科学地测算资金需求量，以促使各级政府增加投入，而且还能通过确定的额度分配资金，合理把握教育资金的序时投入数量，保证中小学教育教学活动的正常进行。

二是目标管理。即一定时期确定学校发展的一定目标，按照目标筹措、分配、使用资金，引导教育资金的合理流向和合理使用，保证教育发展近期、中期和长期目标的实现。

三是项目管理。即通过适当方式，集中部分财力，集中用于全局的某个项目的建设，以带动和促进学校工作的正常运行和发展。

四、加强会计基础工作规范化管理，注重培养复合型人才

会计基础工作是学校财务管理的基本环节。要按照《会计法》和

《中小学财务制度》的规定，建立会计账册，进行会计核算，及时提供合法、真实、准确、完整的会计信息。绝不允许虚构经济业务事项，设账外账，随意改变会计确认标准或计量方法等常见的做假账行为的发生。由于经济发展、科技进步和现代管理对会计科学发展的要求，迫切需要管理人员的知识得到更新、充实和发展。对新上任的会计应进行上岗前的培训，为其提供宽松的学习环境。鼓励财会人员爱岗敬业，自强不息，努力学习相关知识，不断提高自己的素质和业务能力。要重视培养既懂经济又懂技术的管理和法律的复合型人才。

五、加快会计电算化进程，提高中小学财务管理水平

目前，电子计算机已广泛用于经济管理的各个领域，并愈加显示出其在经济管理中的重要作用。一是实现财务数据资源的共享，扩大学校财务管理的领域；二是加快财务数据处理的速度，提高财务数据处理的准确性，及时为各类管理提供可靠信息；三是为数学方法在财务中的广泛应用创造条件，为决策者提供最优的经济方案；四是使财务人员从繁杂的劳动中解脱出来，用更多的时间和精力去从事分析、预测和决策工作。

当前的会计电算化实践，实质上只是财务系统的操作电算化，而对财务系统结构的突破并无建树。随着内外财务信息的需求不但在数量上大幅度增加，而且在质量上要求正确、相关、及时，财务工作应适应现代化的要求，努力开拓会计电算化更加广阔的领域，充分运用电子计算机进行分析、预测、控制和财务管理，用科学的方法指导财务工作的实践，加速会计电算化进程，是我们做好中小学财务工作的可靠保证。

综上所述，中小学校财务管理中存在的问题能否解决，直接关系到今后教育事业的发展。财务工作作为中小学教育发展的重要组成要素，只有走在信息化、科学化的前沿，才能起到基础、保障与先行的作用。

第二章 名校财务管理制度参考

本章内容参考东北师范大学附属中学明珠学校财务管理制度。

财务室工作职能、原则

1. 严格执行国家颁布的《会计法》、《中小学会计制度》、《中小学财务制度》以及其他有关财经纪律，保证学校资金、财产的完整。

2. 在学校校长的领导下，根据学校发展规划，负责编制年度综合财务收支预算草案，对全年预算执行、控制、结果进行全过程的监督和检查，保证预算的顺利实施。

3. 加强对全校的财力的宏观调控，多渠道筹措办学经费，集中财力，努力提高办学经费的使用效益，保证学校教学科研健康、顺利的发展。

4. 年终对学校的财经状况进行和预算的执行结果作出客观公正、准确及时、真实可靠的分析和评价，编制出年度报告。

5. 按照会计制度的规定，认真做好会计科目的设置，会计凭证的填制，会计业务的审核，会计账目的记录，往来款项的清理等一系列核算工作，保证资料的完整、准确、真实、可靠，为学校决策提供信息。审核学校的会计原始凭证是否符合会计工作规范的要求，是否符合国家税务、会计的有关规定，对不合理、不合法、不合规的原始凭证应予拒绝受理，并且退回经办人。

6. 组织全校税收、财务、物价大检查，维护财经纪律，维护学校的合法权益。严格审核学校的各项费用开支，审核学校收缴费是否符合物价管理规定，组织好学费的收缴、入库、上缴工作，亲自或督促班主任及时催缴学费。

7. 负责学校法人证、代码证、收费、开户、税务、保险、专控商品等的申报、审批、登记、检查。

8. 按照《会计档案管理办法》等有关规定，配合档案管理部门，做好会计档案的存档、清理和销毁等工作。

9. 学校财务管理的基本原则是：贯彻执行国家和省市地方有关法律、法规和财务规章制度；坚持勤俭办学的方针；正确处理学校的发展需要和资金供给的关系、社会效益和经济效益的关系。

财务室主任岗位职责

1. 在主管领导的领导下，在财务室职责的范围内，组织和领导财务室的日常管理工作。

2. 确定编制年度预算的指导思想和基本原则，向校长办公会议提交年度预算草案，监督检查预算的执行过程和结果。

3. 对年度决算报告进行审核、把关和指导，向学校报告预算执行情况和学校财务状况。

4. 对全校流动资产进行宏观控制、协调和调度资金的使用，保证学校教学、科研和各项事业正常进行。

5. 根据国家有关方针、政策、制度，结合学校的实际需要，制订出校内相关的财务管理办法。检查、分析、监督各项资金的使用效果，针对资金的使用过程中存在的重大问题，提出改进措施。

6. 依据国家法律，贯彻落实各项会计法规，组织全校会计核算，通过各种形式抓好和强化全校会计基础工作，实施会计监督。

7. 做好全校收费的申报、审批和检查督促工作，严格按规定执行收费标准，积极主动与物价部门取得联系，及时办理收费许可和年检。

8. 做好预算外财政专户储存工作，做好择校生收费管理，协调基金会的收费、对账、回款事项。

9. 对学校所属独立核算单位的财务工作，进行管理指导和检查监督，定期组织全校会计人员参加业务培训。抓好室内的安全防火、精神文明建设和综合治理工作，不断改革创新，使学校的财务工作适应学校改革的需要，积极促进学校事业的发展。

财务会计岗位职责

1. 按照国家财经法规、会计制度及学校有关规章制度的规定，编制记账凭证、会计账簿（不包括现金日记账和银行日记账），做到账务处理手续完备、数字准确、账目清楚。

2. 银行划款缴交学费发票的开具，并做好学生缴费与发票相对应的备查工作。

3. 按要求预编内部会计报表，编制对外财务会计报表，负责税务申报，完成教育、物价、税务等政府管理部门规定的具体工作。

4. 做好收款收据、发票、统计资料、财务会计资料及其他财务资料的归档、整理、装订、保管、备份工作。

5. 学校供应商货款结算的预审工作。

出纳员岗位职责

1. 严格遵守国家关于现金和银行往来的结算制度，按规定准确、及时地办理收付款业务。

2. 收款时根据客户填写的交款凭证，审查单位（或个人）名称，账号款项来源等是否填写齐全，大小写金额是否一致。如发现填写不全，涂改或有错误，应及时要求交款人补填凭证，审查无误后再办理收款，做到笔笔清，桌面清，大小钞按票面点准理齐，点准后将交款凭证交会计入账。

3. 付款时严格审查会计凭证，记账员是否签章，取款人背书是否与收款单位（或个人）相符，大小写是否一致，款项用途是否恰当。按照学校财务管理审批办法，有关责任人签字是否齐全，审核无误后取款人签字才能付款，对不符合规定的应予以退回，现金收入和付出凭证要及时与现金日记账核对，当日结束，现金账与库存现金核对，账款相符，准确入库。单位现金账与银行存款账各账户及时核对，并适时作出调整。严禁以白条抵库存。

4. 转款业务签发支票、填写汇款凭证时，金额要正确无误，印鉴使用正确、清晰。注意各银行之间不能串户。严格控制空白支票的使用，借出的支票要由主管校长签字批准，并写明收款单位、日期和用途，借后的支票及时催收，不得跨月。

5. 妥善保管印鉴和空白支票。印鉴与支票由出纳和复核分别保管，对每日使用的支票号码要进行核对，严密手续，防患未然。按照上级有关部门要求，及时办理学校代码证、银行开户许可证的年检，并与银行协调好关系。

6. 遵守职业道德，爱岗敬业，对外办公要热情主动，礼貌待人。

财务档案管理岗位责任

1. 按照财务制度、会计制度以及学校规定的具体管理实施办法，完成本岗位的工作任务，爱岗敬业，勤奋工作，遵守规范，热情服务。

2. 保质保量完成会计凭证装订工作。要保证会计凭证按顺序编号，做到连续、完整，后附原始凭证要齐全、装订整齐。不能发生顺序颠倒、原始凭证错、乱、缺等现象，凭证要及时装订成册。按日期排好顺序，方便查阅。

3. 年终或年初认真填写档案交接一览表，及时做好档案交接的一切准备工作。分类整理，正确编排卷号，并按类别登记保管目录。按学校档案室要求，逐项落实，将前一年有关的会计档案全部转交校档案室保管，确保无误。

妥善保管日常零星档案，保证其安全、完整。建立登记制度，做到有记录，方便查找。年终统一归档。

4. 热情接待各单位、各部门来查账的同志。认真解答其提出的问题，有解决不了的问题及时与主任联系，给以满意答复。

工资核算岗位责任

1. 认真执行国家的财经政策，自觉遵守财经纪律，依照财务会计制度以及学校规定的具体管理办法，认真完成岗位的工作任务。

要与人事部门、评估部门做好工作衔接，重要的工资变动凭证要有交接登记，以分清责任。

2. 每月按照学校人事部门及有关领导提供的工资变动通知，准确登记工资基金台账，记录全校职工的工资变动情况，并与编制的工资发放汇总表核对一致，确保工资发放准确无误。做到工资条、表、册打印清晰完整。

要妥善保管工资发放明细表和工资变动原始凭证，并按月及时装订成册，年度终了后移交档案保管人员存档。

3. 按时填报各种有关的季度报表和年度报表，做到数字准确、按时上报，并及时办理合同工、地方编、集体编人员的养老保险。

注意服务质量，对教师提出的问题，做到耐心细致地给予答复。每月 14 日将当月工资数据软盘转入储蓄所，15 日前将工资单发放到各处室、年级组。

4. 对工资核算程序要及时进行维护、修改，以满足工资核算的需要。

定期对工资核算程序、工资数据以及相关文件进行备份，以防万一。

复核岗位责任

1. 遵守职业道德，树立良好的职业品质，爱岗敬业，礼貌待人，努力提高工作效率和工作质量。

2. 按照《会计法》和有关法规、制度的规定，严格把关，对发生后的经济事项逐笔进行复核，使之做到凭证合法，内容真实，手续完备，数字正确，金额相符，纠正不合法、不合理的费用支出。

3. 严格审核会计凭证与附件经济事项是否一致，会计分录是否符合制度规定，有无串科目、串项目情况，复核中发现的问题和差错，及时通知有关人员更正和处理。

4. 努力做好以前年度暂付款的核对、清理工作，对挂账时间长的暂付款项要认真查明原因并上报处理。

5. 审查对外转账支票填写的收款单位账号、户名、日期、用途是否逐项填写清楚，大小写金额是否一致。

6. 配合出纳员办理大额取、存款业务，保证资金安全。

工作中发现问题要及时向主任反映，并提出改进意见，完成主任交办的临时性工作。

报账审核岗位责任

1. 认真执行国家的财经方针、政策和法令，严格按照财务会计制度以及学校规定的管理办法，审核各项费用开支。

2. 严格审核各种原始凭证。对其真实性、合法性、规范性进行把关，对于弄虚作假、有营私舞弊嫌疑的原始凭证有权拒绝报销。

3. 审核检查各种原始凭证的报销手续是否完备；对于不符合规定的不予办理。

4. 严格控制暂付款项，未经主任批准的款项不能随意作挂账处理。及时清理暂付款，对于自己管理的范围内暂付款要做到随借随清，及时催报账，不得跨年度。

5. 账务处理及时，科目运用熟练、准确，差错控制在1‰以内。

遵守劳动纪律、准时到岗，不提前离岗。解答问题清楚，态度和蔼，以优质、高效服务为宗旨，不得与外来办事人员发生口角。

电脑记账、预算管理岗位责任

1. 根据每日实际发生的业务内容，按所设立的账务程序，准确无误地进行电脑记账。每天业务结束结账时，与电脑"科目日结单"核对，做到账账相符。正确无误后，进行日处理，打印日结单、金额表，备份账前、账后数据盘。

2. 月末时，进行月处理，并同时打印月总账。年度预算经学校审议通过，立即下达到各有关部门，并通过电脑入账控制。做到指标下达及时，数据准确无误。

3. 定期检查和分析预算执行情况，将解决问题的相关办法及时反馈给领导。

4. 按照程序追加各调整预算，并将批件留存备查，维护预算的严肃性。

5. 年末按调整预算的不同性质提供明细资料，以便领导全面了解预算执行情况。年度结束，按要求将预算科目进行账务处理。

6. 准确无误地编报年度预算执行情况分析表，并不断总结和积累经验，为下年预算的编制打下基础。

7. 做好年终账务处理和有关科目的调整工作，保证财务决算数字的真实性和准确性。

8. 认真完成各项临时性工作和与预算相关的其他工作，提供必要的数据和资料，对预算执行当中存在的问题，要及时进行反映并提出合理化建议，制订相应的管理措施和办法。

固定资产管理岗位责任

1. 根据有关财务规定，制订适合我校的固定资产管理办法和实施细则。

对我校新购入、拨入、赠送的固定资产，按管理部门登记、打卡、造册。

2. 对报废的固定资产加强审核，及时注销。

3. 做到账、物、卡相符，明确各单位管理范围，责任到人。

4. 每年进行一次实物盘点，发现盘盈盘亏，根据有关要求规定及时调账。

5. 对历史遗留问题及有关难点，要以书面形式向有关领导汇报，并做相应处理。

基建会计岗位责任

1. 根据学校的发展规划、建设项目，做好财务预算，配合主管校长，多方筹措资金，办理有关手续。

2. 按照国有建设单位的会计制度，设立科目，按建设项目设立明细账，加强核算和监督，及时进行清理各项往来款项。

3. 严格审核各种原始凭证，对真实性、合法性、规范性进行把关，对于手续不全、数字不准的合同和未经有关部门审计的决算有权拒绝报销。

4. 年终做好调账、转账业务，并把凭证装订成册，连同会计账簿、报表一同交给财务档案管理人员归档。

5. 工程竣工，交付使用，根据决算办理固定资产使用移交手续。

工会会计岗位责任

1. 按照"量入为出，收支平衡，略有结余"的原则和本年度学校工会工作计划，编制本年预算，并严格执行经市工会审批的预算。

2. 按照工会财务会计制度，设立账户，熟悉工会会计科目，客观真实地记录，反映工会的各项收支状况及结果。

3. 工会核算按照规定的会计处理方法进行，前后期一致，会计记录和会计报表应当清晰明了，便于理解和应用。

4. 积极组织工会足额收缴工会经费和会员会费，按会计制度标准掌握各项费用支出，按照市工会要求，及时编报决算。

5. 加强工会财务管理，提高服务意识，热心为教职员工服务，完成工会交给的其他临时性工作。

财务室内部监控制度

为了加强我校的财务管理工作，完善内部约束制度，堵塞各种漏洞，保证会计核算的真实性、准确性、及时性和科学性，进一步提高财务管理和会计核算水平，制订本制度。

一、货币资金监控制度

1. 严格遵守国家现金管理条例，库存现金必须控制在银行核定限额之内，不得坐支现金，不得白条抵库，库存现金做到日清月结，账款相符。

空白支票、法人章、财务专用章必须由会计和出纳员分别负责保管，不得一人兼管。

2. 出纳员不得兼管稽核、会计档案保管和收入、费用、债权债务账目的登记工作。

3. 出纳员要及时与银行核对账目，银行对账单次月 10 日前核对完毕，并编制银行存款余额调节表，未到账项要核实处理，发现问题及时反映。

二、会计核算管理制度

1. 报账审核人员必须按照国家有关财经法规和学校财务规章制度，认真审核每一笔经济业务的原始凭证，严格把关，原始凭证审核无误后方可输入电脑，打印记账凭证。对不符合财务规定的原始凭证，不予受理。

2. 严格按照学校下达的预算指标掌握各项开支，有关预算调整，必须有主管校长签批的书面报告方为有效。

3. 月末时，对新发生的暂付款进行督促报账，对按照财务规定不能及时报账的人员，向工资核算员提交扣款名单。

4. 财务部门负责人对会计凭证、会计账簿及分析报表应全面检查，及时发现账务处理中的问题予以解决，确保提供准确无误的会计信息。

三、工资核算管理制度

1. 工资核算人员根据有关部门提供的人员工资增减变动和代扣款凭证登记工资台账，控制和掌握人员工资及所有代扣款项的变化，凡工资项目变动必须由工资核算人员首先登记台账，然后输入电脑。

2. 电脑打印出的当月工资发放汇总表，必须与工资台账相关数字一致，如果发现差错，应查找原因，并予以更正，在未查明原因的情况下，不能发放工资，以确保工资发放准确无误。

3. 工资发放明细表以及各项变动、扣款原始凭证必须妥善保管，按月装订成册，隔年移交档案室保管。

四、复核人员审核内容和职责

（一）审核会计凭证

1. 按照有关规章制度、财经法规检查会计凭证的合法性、合理性、合规性。

2. 内容是否真实，手续是否完备，数字是否正确。

3. 会计分录、科目运用、科目编码、项目类别、计算机编码是否正确。

（二）审核账簿

1. 账簿设置是否符合规定的要求，是否体现管理的特点和实际需求。

2. 根据现金收付凭单，审核现金账记录是否正确。

3. 根据银行对账单和银行余额调节表，审核银行记录是否正确。

4. 审核分类账与各所属明细分类账、日记账是否相符。

5. 对总账内部有钩稽关系的各明细账内部相关数字进行核对，审核其记录是否正确。

6. 根据实物记录与库存或在用实有数进行核对，审核是否相符。

（三）审核计划和预算

1. 审核计划、预算的主要依据及其合法性、可行性。

2. 审核各项指标数字的合理性与衔接性。

3. 审核计划、预算的控制和执行情况。

4. 审核各种开支是否符合预算开支的范围。

（四）审核会计报表

1. 审核各种报表数字与账簿记录是否一致。

2. 审核各种报表内部或报表之间有钩稽关系的数字是否衔接。

3. 审核报表种类是否齐全，内容填制是否完整，计算是否正确。

（五）稽核人员的职责

1. 稽核人员要认真负责，对承担的审核工作尽职尽责，稽查核对后要签名盖章，以明确责任。

2. 稽核人员对于会计核算和会计报表中发现的问题，要通知有关人员，查明原因，及时更正。

3. 对于计划、预算审核中发现的问题，要提出修改意见和建议。

稽核人员对稽核中出现的问题要进行记录，定期统计资料要妥善保管，作为考核工作质量和数量的依据。

五、学校实行会计人员委派制

1. 根据学校发展需要，学校对所属独立核算单位实行会计委派制，委派会计要服从所在单位的领导，参与所在单位的经营管理。

2. 委派会计在业务上要服从学校财务室领导，严格执行国家及学校有关财务制度，接受学校的指导、检查和监督。

3. 按时向学校准确编报各种会计报表，发现管理中的问题，能解决的要及时解决，解决不了的，及时向学校领导汇报。

财务报账须知

1. 凡到财务室借款、报账人员必须经部门主任和主管副校长审批，

1 000元以上经校长批准，并按预算项目进行支出。

2. 报销时取得的发货票，必须有税监章、财务（或现金收讫）章，并具防伪标记，购买实物要有三个人签字，即负责人、验收人、经手人。购书必须在书店购买，数额较大的图书要办理登记入库手续，要附明细，借款只对校内教职工，学生及外单位人员不予受理。

3. 领取各种劳务费、补助费、讲课费等，要填写财务室印发的费用报销表，要有校长、部门负责人、经手人签字，校内人员合并当月工资一起发放，校外及离退休人员一次实领金额超过800元需要按规定扣缴个人所得税。

4. 购置固定资产要到资产管理部门办理登记手续，与入库登记表同时报账，购置大型固定资产要进行公开招标，按有效合同约定进行付款。

5. 学校的维修工程项目，要有合同和预算，项目完工后要经师大审计处或有关部门审计后付款。

6. 差旅费报账按国家事业单位差旅费管理办法执行，其借款要在出差返回一个月内报账，否则将从工资中扣回借款。

7. 报销各种餐费在一定额度上进行控制，个人因公的市内交通费一律不予报销。

8. 根据现金管理条例，凡在同一地点、同一单位付款超过1 000元或购置固定资产的，均需办理转账支票，不允许支付现金。

预算管理办法

第一章　总　则

第一条　为强化学校预算的分配和监督职能，加强宏观调控，规范财经秩序，科学、合理、有效地利用资金，保障学校各项事业健康发展，根据《中华人民共和国预算法》和《中小学财务制度》，制订本办法。

第二条 预算是根据学校事业发展计划和任务编制的年度财务收支计划，是学校年度内所要完成的事业计划和工作任务的货币表现，是学校日常组织收入和控制支出的依据，也是学校规模和事业发展方向的综合反映。

第三条 预算的管理对象是：除独立核算单位外，不分资金来源和资金性质，将学校可安排和不可安排的所有收入和支出全部纳入预算管理，形成学校全方位财务收支的计划管理。

第四条 预算编制的基本原则是：量入为出，收支平衡，不搞赤字，收入求实，积极稳妥，以收定支；支出求俭，统筹兼顾，保证重点；宏观控制，分级管理，权责分明；综合财力，统筹计划，留有后备。

第五条 预算编制按照"收支两条线"的原则进行统筹规划，全面反映学校年度财务收支总貌。

第六条 预算管理的基本任务是：按国家和教育政策规定，结合学校财力和分配原则编制财务预算。对批准的预算进行指标控制、监督和考核，并按规定程序对预算进行修改调整。通过预算管理，提高使用效益，保证预算顺利实施。

第七条 学校预算由校级预算（经常性预算和递补性预算）和部门预算组成。

第八条 学校预算年度自公历1月1日起，到12月31日止。

第二章 预算收支范围

第九条 预算由收入预算和支出预算组成。

（一）预算收入

1. 财政补助收入，是学校从各级财政部门取得的各类事业拨款，包括教育经费拨款、科研经费拨款和其他经费拨款。

2. 上级补助收入，是指学校从主管部门和上级单位取得的非财政补助收入。

3. 事业收入，是指学校开展教学、科研及其辅助活动取得的收入。具体包括：学杂费、住宿费、择校费、代培费、上机费、油印费、毕业年级晚课费等。

4. 经营收入，是指学校在教学、科研活动及辅助活动之外，开展非独立核算经营活动取得的收入。

5. 附属单位上缴收入，是指学校附属独立核算单位按照规定上缴学校的收入。

6. 其他收入，是指上述规定范围以外的各项收入，包括捐款收入、利息收入等。

（二）支出预算

1. 事业支出，是指学校开展教学、科研及其辅助活动发生的各项支出，主要包括教学支出、科研支出、竞赛支出、业务辅助支出、行政管理支出、后勤支出、学生事物支出、社会保障支出和其他支出。

2. 自筹基建支出，是指学校使用财政补助收入之外的资金安排自筹基建建设发生的支出。

3. 附属单位补助支出，是指学校使用财政补助以外的收入对附属单位进行补助所发生的支出。

第三章 预算编制

第十条 根据国家有关方针、政策、制度，结合学校需要，确定编制年度预算的指导思想和基本原则。

第十一条 预算编制要以上年预算执行情况分析报告、事业发展计划、资金供需情况为依据，做好基本数字分析、测算等前期准备工作。

第十二条 收入预算编制根据资金来源、有关核定定额和标准及上年收入情况分别测算编制。

第十三条 支出预算编制按照事业支出、结转自筹基建支出、附属单位补助支出进行编制。其中事业支出按支出具体项目分为人员经费、对个人及家庭补助、公用等部分。

1. 人员经费支出按国家有关政策、标准和编制人数及校内分配制度改革方案等测算编制。

2. 日常公用经费支出按定额标准及实际需要测算编制。

3. 自筹基建支出，根据学校的财力和基本建设项目，在确保事业支出的前提下适度安排。

4. 附属单位补助支出，根据附属单位的具体情况和学校的财力及以前年度补助情况编制。

5. 专项费用支出根据国家拨款情况分析编制。

第四章　预算管理

第十四条　学校财务室负责编制学校年度收入预算，各处室负责编制日常公用经费预算，预算编制后经校长办公会讨论后实施。

第十五条　学校财务室是预算管理的职能部门，负责组织、执行学校预算。各处室财务负责人在核准的指标内，按照开支标准和范围负责管理使用。

第十六条　预算在执行过程中，原则上不办理预算追加，特殊情况须经校长批准后进行预算调整。

第十七条　按学校当年经济状况按一定比例留用，校长机动费由主管校长负责控制。

第十八条　为强化预算控制，财务室对无计划、无预算或超计划、超预算的开支可不予受理。

第五章　预算监督

第十九条　师大审计处和财务处对学校的预算执行情况进行审计监督。

第二十条　学校财务室须全面掌握学校预算执行情况，对存在的问题及时整改，负责向校长办公会汇报年度预算执行情况。

第二十一条　财务室未经批准不能擅自变更预算，严格履行预算追加程序，凡追加预算必须经主管校长签批。

第六章　附　　则

第二十二条　本办法自公布之日起执行。

收费管理制度

1. 认真贯彻执行党和国家财政方针政策，维护财经纪律，加强收费管理，规范收费管理，规范办学行为。

2. 收费项目按有关文件执行，实行收费报批。经上级有关部门批准后，收费标准不得擅自改动，做到收费有据可依。

3. 严格执行收费通知单、收费卡制度，每项收费都在收费卡上体现，做到收费公示，不得擅自收取其他费用。

4. 按时进行收费许可证、票据准购证年审工作，若有增减变动，提前进行申报、立项，经上级有关部门批准后方可收费。

5. 按上级批准文件执行收费项目和收费标准，经常进行自查自纠，保证收费工作规范有序，做好收费公开工作。

6. 按规定收取的各项费用，实行"收支两条线"管理，学校收取的费用应当主要用于教育教学活动和改善办学条件。收费必须全部由学校财务机构统一管理、统一核算，并使用由吉林省财政厅统一监制的票据。

第十二讲 《国家中长期教育改革和发展规划纲要》摘要

第一部分 总体战略

第一章 指导思想和工作方针

（一）指导思想。高举中国特色社会主义伟大旗帜，以邓小平理论和"三个代表"重要思想为指导，深入贯彻落实科学发展观，实施科教兴国战略和人才强国战略，优先发展教育，完善中国特色社会主义现代教育体系，办好人民满意的教育，建设人力资源强国。

全面贯彻党的教育方针，坚持教育为社会主义现代化建设服务，为人民服务，与生产劳动和社会实践相结合，培养德智体美全面发展的社会主义建设者和接班人。

全面推进教育事业科学发展，立足社会主义初级阶段基本国情，把握教育发展阶段性特征，坚持以人为本，遵循教育规律，面向社会需求，优化结构布局，提高教育现代化水平。

（二）工作方针。优先发展、育人为本、改革创新、促进公平、提高质量。

把教育摆在优先发展的战略地位。教育优先发展是党和国家提出并长期坚持的一项重大方针。各级党委和政府要把优先发展教育作为贯彻落实科学发展观的一项基本要求，切实保证经济社会发展规划优先安排教育发展，财政资金优先保障教育投入，公共资源优先满足教育和人力资源开发需要。充分调动全社会关心支持教育的积极性，共同担负起培育下一代的责任，为青少年健康成长创造良好环境。完善体制和政策，鼓励社会力量兴办教育，不断扩大社会资源对教育的投入。

把育人为本作为教育工作的根本要求。人力资源是我国经济社会发展的第一资源，教育是开发人力资源的主要途径。要以学生为主体，以教师为主导，充分发挥学生的主动性，把促进学生健康成长作为学校一切工作的出发点和落脚点。关心每个学生，促进每个学生主动地、生动活泼地发展，尊重教育规律和学生身心发展规律，为每个学生提供适合的教育。努力培养造就数以亿计的高素质劳动者、数以千万计的专门人才和一大批拔尖创新人才。

把改革创新作为教育发展的强大动力。教育要发展，根本靠改革。要以体制机制改革为重点，鼓励地方和学校大胆探索和试验，加快重要领域和关键环节改革步伐。创新人才培养体制、办学体制、教育管理体制，改革质量评价和考试招生制度，改革教学内容、方法、手段，建设现代学校制度。加快解决经济社会发展对高质量多样化人才需要与教育培养能力不足的矛盾、人民群众期盼良好教育与资源相对短缺的矛盾、增强教育活力与体制机制约束的矛盾，为教育事业持续健康发展提供强大动力。

把促进公平作为国家基本教育政策。教育公平是社会公平的重要基础。教育公平的关键是机会公平，基本要求是保障公民依法享有受教育的权利，重点是促进义务教育均衡发展和扶持困难群体，根本措施是合理配置教育资源，向农村地区、边远贫困地区和民族地区倾斜，加快缩小教育差距。教育公平的主要责任在政府，全社会要共同促进教育公平。

把提高质量作为教育改革发展的核心任务。树立科学的质量观，把促进人的全面发展、适应社会需要作为衡量教育质量的根本标准。

树立以提高质量为核心的教育发展观，注重教育内涵发展，鼓励学校办出特色、办出水平，出名师，育英才。建立以提高教育质量为导向的管理制度和工作机制，把教育资源配置和学校工作重点集中到强化教学环节、提高教育质量上来。制订教育质量国家标准，建立健全教育质量保障体系。加强教师队伍建设，提高教师整体素质。

第二章　战略目标和战略主题

（三）战略目标。到2020年，基本实现教育现代化，基本形成学习型社会，进入人力资源强国行列。

实现更高水平的普及教育。基本普及学前教育；巩固提高九年义务教育水平；普及高中阶段教育，毛入学率达到90％；高等教育大众化水平进一步提高，毛入学率达到40％；扫除青壮年文盲。新增劳动力平均受教育年限从12.4年提高到13.5年；主要劳动年龄人口平均受教育年限从9.5年提高到11.2年，其中受过高等教育的比例达到20％，具有高等教育文化程度的人数比2009年翻一番。

形成惠及全民的公平教育。坚持教育的公益性和普惠性，保障公民依法享有接受良好教育的机会。建成覆盖城乡的基本公共教育服务体系，逐步实现基本公共教育服务均等化，缩小区域差距。努力办好每一所学校，教好每一个学生，不让一个学生因家庭经济困难而失学。切实解决进城务工人员子女平等接受义务教育问题。保障残疾人受教育权利。

提供更加丰富的优质教育。教育质量整体提升，教育现代化水平明显提高。优质教育资源总量不断扩大，更好满足人民群众接受高质量教育的需求。学生思想道德素质、科学文化素质和健康素质明显提高。各类人才服务国家、服务人民和参与国际竞争能力显著增强。

构建体系完备的终身教育。学历教育和非学历教育协调发展，职业教育和普通教育相互沟通，职前教育和职后教育有效衔接。继续教育参与率大幅提升，从业人员继续教育年参与率达到 50%。现代国民教育体系更加完善，终身教育体系基本形成，促进全体人民学有所教、学有所成、学有所用。

健全充满活力的教育体制。进一步解放思想，更新观念，深化改革，提高教育开放水平，全面形成与社会主义市场经济体制和全面建设小康社会目标相适应的充满活力、富有效率、更加开放、有利于科学发展的教育体制机制，办出具有中国特色、世界水平的现代教育。

（四）战略主题。坚持以人为本、全面实施素质教育是教育改革发展的战略主题，是贯彻党的教育方针的时代要求，其核心是解决好培养什么人、怎样培养人的重大问题，重点是面向全体学生、促进学生全面发展，着力提高学生服务国家服务人民的社会责任感、勇于探索的创新精神和善于解决问题的实践能力。

坚持德育为先。立德树人，把社会主义核心价值体系融入国民教育全过程。加强马克思主义中国化最新成果教育，引导学生形成正确的世界观、人生观、价值观；加强理想信念教育和道德教育，坚定学生对中国共产党领导、社会主义制度的信念和信心；加强以爱国主义为核心的民族精神和以改革创新为核心的时代精神教育；加强社会主义荣辱观教育，培养学生团结互助、诚实守信、遵纪守法、艰苦奋斗的良好品质。加强公民意识教育，树立社会主义民主法治、自由平等、公平正义理念，培养社会主义合格公民。加强中华民族优秀文化传统教育和革命传统教育。把德育渗透于教育教学的各个环节，贯穿于学校教育、家庭教育和社会教育的各个方面。切实加强和改进未成年人思想道德建设和大学生思想政治教育工作。构建大中小学有效衔接的德育体系，创新德育形式，丰富德育内容，不断提高德育工作的吸引力和感染力，增强德育工作的针对性和实效性。加强辅导员、班主任队伍建设。

坚持能力为重。优化知识结构，丰富社会实践，强化能力培养。着力提高学生的学习能力、实践能力、创新能力，教育学生学会知识技能，学会动手动脑，学会生存生活，学会做人做事，促进学生主动适应社会，开创美好未来。

坚持全面发展。全面加强和改进德育、智育、体育、美育。坚持文化知识学习与思想品德修养的统一、理论学习与社会实践的统一、全面发展与个性发展的统一。加强体育，牢固树立健康第一的思想，确保学生体育课程和课余活动时间，提高体育教学质量，加强心理健康教育，促进学生身心健康、体魄强健、意志坚强；加强美育，培养学生良好的审美情趣和人文素养。加强劳动教育，培养学生热爱劳动、热爱劳动人民的情感。重视安全教育、生命教育、国防教育、可持续发展教育。促进德育、智育、体育、美育有机融合，提高学生综合素质，使学生成为德智体美全面发展的社会主义建设者和接班人。

第二部分　发展任务

第四章　义务教育

（八）巩固提高九年义务教育水平。义务教育是国家依法统一实施、所有适龄儿童少年必须接受的教育，具有强制性、免费性和普及性，是教育工作的重中之重。注重品行培养，激发学习兴趣，培育健康体魄，养成良好习惯。到 2020 年，全面提高普及水平，全面提高教育质量，基本实现区域内均衡发展，确保适龄儿童少年接受良好义务教育。

巩固义务教育普及成果。适应城乡发展需要，合理规划学校布局，办好必要的教学点，方便学生就近入学。坚持以输入地政府管理为主、以全日制公办中小学为主，确保进城务工人员随迁子女平等接受义务教育，研究制订进城务工人员随迁子女接受义务教育后在当地参加升学考试的办法。建立健全政府主导、社会参与的农村留守儿童关爱服务体系和动态监测机制。加快农村寄宿制学校建设，优先满足留守儿童住宿需求。采取必要措施，确保适龄儿童少年不因家庭经济困难、就学困难、学习困难等原因而失学，努力消除辍学现象。

提高义务教育质量。建立国家义务教育质量基本标准和监测制度。严格执行义务教育国家课程标准、教师资格标准。深化课程与教学方法改革，推行小班教学。配齐音乐、体育、美术等学科教师，开足开好规定课程。大力推广普通话教学，使用规范汉字。

增强学生体质。科学安排学习、生活、锻炼，保证学生睡眠时间。大力开展"阳光体育"运动，保证学生每天锻炼一小时，不断提高学生体质健康水平。提倡合理膳食，改善学生营养状况，提高贫困地区农村学生营养水平。保护学生视力。

（九）推进义务教育均衡发展。均衡发展是义务教育的战略性任务。建立健全义务教育均衡发展保障机制。推进义务教育学校标准化建设，均衡配置教师、设备、图书、校舍等资源。

切实缩小校际差距，着力解决择校问题。加快薄弱学校改造，着力提高师资水平。实行县（区）域内教师、校长交流制度。实行优质普通高中和优质中等职业学校招生名额合理分配到区域内初中的办法。义务教育阶段不得设置重点学校和重点班。在保障适龄儿童少年就近进入公办学校的前提下，发展民办教育，提供选择机会。

加快缩小城乡差距。建立城乡一体化义务教育发展机制，在财政拨款、学校建设、教师配置等方面向农村倾斜。率先在县（区）域内实现城乡均衡发展，逐步在更大范围内推进。

努力缩小区域差距。加大对革命老区、民族地区、边疆地区、贫困地区义务教育的转移支付力度。鼓励发达地区支援欠发达地区。

（十）减轻中小学生课业负担。过重的课业负担严重损害儿童少年身心健康。减轻学生课业负担是全社会的共同责任，政府、学校、家庭、社会必须共同努力，标本兼治，综合治理。把减负落实到中小学教育全过程，促进学生生动活泼学习、健康快乐成长。率先实现小学生减负。

各级政府要把减负作为教育工作的重要任务，统筹规划，整体推进。调整教材内容，科学设计课程难度。改革考试评价制度和学校考核办法。规范办学行为，建立学生课业负担监测和公告制度。不得以升学率对地区和学校进行排名，不得下达升学指标。规范各种社会补习机构和教辅市场。加强校外活动场所建设和管理，丰富学生课外及校外活动。

学校要把减负落实到教育教学各个环节，给学生留下了解社会、深入思考、动手实践、健身娱乐的时间。提高教师业务素质，改进教学方法，增强课堂教学效果，减少作业量和考试次数。培养学生学习兴趣和爱好。严格执行课程方案，不得增加课时和提高难度。各种等级考试和竞赛成绩不得作为义务教育阶段入学与升学的依据。

充分发挥家庭教育在儿童少年成长过程中的重要作用。家长要树立正确的教育观念，掌握科学的教育方法，尊重子女的健康情趣，培养子女的良好习惯，加强与学校的沟通配合，共同减轻学生课业负担。

第三部分　体制改革

第十一章　人才培养体制改革

（三十一）更新人才培养观念。深化教育体制改革，关键是更新教育观念，核心是改革人才培养体制，目的是提高人才培养水平。树立全面发展观念，努力造就德智体美全面发展的高素质人才。树立人人成才观念，面向全体学生，促进学生成长成才。树立多样化人才观念，尊重个人选择，鼓励个性发展，不拘一格培养人才。树立终身学习观念，为持续发展奠定基础。树立系统培养观念，推进小学、中学、大学有机衔接，教学、科研、实践紧密结合，学校、家庭、社会密切配合，加强学校之间、校企之间、学校与科研机构之间合作以及中外合作等多种联合培养方式，形成体系开放、机制灵活、渠道互通、选择多样的人才培养体制。

（三十二）创新人才培养模式。适应国家和社会发展需要，遵循教育规律和人才成长规律，深化教育教学改革，创新教育教学方法，探索多种培养方式，形成各类人才辈出、拔尖创新人才不断涌现的局面。

注重学思结合。倡导启发式、探究式、讨论式、参与式教学，帮助学生学会学习。激发学生的好奇心，培养学生的兴趣爱好，营造独立思考、自由探索、勇于创新的良好环境。适应经济社会发展和科技进步的要求，推进课程改革，加强教材建设，建立健全教材质量监管制度。深入研究、确定不同教育阶段学生必须掌握的核心内容，形成教学内容更新机制。充分发挥现代信息技术作用，促进优质教学资源共享。

注重知行统一。坚持教育教学与生产劳动、社会实践相结合。开发实践课程和活动课程，增强学生科学实验、生产实习和技能实训的成效。充分利用社会教育资源，开展各种课外及校外活动。加强中小学校外活动场所建设。加强学生社团组织指导，鼓励学生积极参与志愿服务和公益事业。

注重因材施教。关注学生不同特点和个性差异，发展每一个学生的优势潜能。推进分层教学、走班制、学分制、导师制等教学管理制度改革。建立学习困难学生的帮助机制。改进优异学生培养方式，在跳级、转学、转换专业以及选修更高学段课程等方面给予支持和指导。健全公开、平等、竞争、择优的选拔方式，改进中学生升学推荐办法，创新研究生培养方法。探索高中阶段、高等学校拔尖学生培养模式。

（三十三）改革教育质量评价和人才评价制度。改进教育教学评价。根据培养目标和人才理念，建立科学、多样的评价标准。开展由政府、学校、家长及社会各方面参与的教育质量评价活动。做好学生成长记录，完善综合素质评价。探索促进学生发展的多种评价方式，激励学生乐观向上、自主自立、努力成才。

改进人才评价及选用制度，为人才培养创造良好环境。树立科学人才观，建立以岗位职责为基础，以品德、能力和业绩为导向的科学化、社会化人才评价发现机制。强化人才选拔使用中对实践能力的考查，克服社会用人单纯追求学历的倾向。

第十二章　考试招生制度改革

（三十四）推进考试招生制度改革。以考试招生制度改革为突破口，克服一考定终身的弊端，推进素质教育实施和创新人才培养。按照有利于科学选拔人才、促进学生健康发展、维护社会公平的原则，探索招生与考试相对分离的办法，政府宏观管理，专业机构组织实施，学校依法自主招生，学生多次选择，逐步形成分类考试、综合评价、多元录取的考试招生制度。加强考试管理，完善专业考试机构功能，提高服务能力和水平。成立国家教育考试指导委员会，研究制订考试改革方案，指导考试改革试点。

（三十五）完善中等学校考试招生制度。完善初中就近免试入学的具体办法。完善学业水平考试和综合素质评价，为高中阶段学校招生录取提供更加科学的依据。

（三十七）加强信息公开和社会监督。完善考试招生信息发布制度，实现信息公开透明，保障考生权益，加强政府和社会监督。……强化考试安全责任，加强诚信制度建设，坚决防范和严肃查处考试招生舞弊行为。

第十三章　建设现代学校制度

（三十八）推进政校分开、管办分离。适应中国国情和时代要求，建设依法办学、自主管理、民主监督、社会参与的现代学校制度，构建政府、学校、社会之间新型关系。适应国家行政管理体制改革要求，明确政府管理权限和职责，明确各级各类学校办学权利和责任。探索适应不同类型教育和人才成长的学校管理体制与办学模式，避免千校一面。完善学校目标管理和绩效管理机制。健全校务公开制度，接受教职员工和社会的监督。随着国家事业单位分类改革推进，探索建立符合学校特点的管理制度和配套政策，克服行政化倾向，取消实际存在的行政级别和行政化管理模式。

（三十九）落实和扩大学校办学自主权。政府及其部门要树立服务意识，改进管理方式，完善监管机制，减少和规范对学校的行政审批事项，依法保障学校充分行使办学自主权和承担相应责任。

（四十一）完善中小学学校管理制度。完善普通中小学和中等职业学校校长负责制。完善校长任职条件和任用办法。实行校务会议等管理制度，建立健全教职员工代表大会制度，不断完善科学民主决策机制。……建立中小学家长委员会。引导社区和有关专业人士参与学校管理和监督。发挥企业参与中等职业学校发展的作用。

第十四章　办学体制改革

（四十二）深化办学体制改革。坚持教育公益性原则，健全政府主导、社会参与、办学主体多元、办学形式多样、充满生机活力的办学体制，形成以政府办学为主体、全社会积极参与、公办教育和民办教育共同发展的格局。调动全社会参与的积极性，进一步激发教育活力，满足人民群众多层次、多样化的教育需求。

深化公办学校办学体制改革，积极鼓励行业、企业等社会力量参与公办学校办学，扶持薄弱学校发展，扩大优质教育资源，增强办学活力，提高办学效益。各地可从实际出发，开展公办学校联合办学、委托管理等试验，探索多种形式，提高办学水平。

改进非义务教育公共服务提供方式，完善优惠政策，鼓励公平竞争，引导社会资金以多种方式进入教育领域。

（四十三）大力支持民办教育。民办教育是教育事业发展的重要增长点和促进教育改革的重要力量。各级政府要把发展民办教育作为重要工作职责，鼓励出资、捐资办学，促进社会力量以独立举办、共同举办等多种形式兴办教育。完善独立学院管理和运行机制。支持民办学校创新体制机制和育人模式，提高质量，办出特色，办好一批高水平民办学校。

依法落实民办学校、学生、教师与公办学校、学生、教师平等的法律地位，保障民办学校办学自主权。清理并纠正对民办学校的各类歧视政策。制订完善促进民办教育发展的优惠政策。对具备学士、硕士和博士学位授予单位条件的民办学校，按规定程序予以审批。建立完善民办学校教师社会保险制度。

健全公共财政对民办教育的扶持政策。政府委托民办学校承担有关教育和培训任务，拨付相应教育经费。县级以上人民政府可以根据本行政区域的具体情况设立专项资金，用于资助民办学校。国家对发展民办教育作出突出贡献的组织、学校和个人给予奖励和表彰。

（四十四）依法管理民办教育。教育行政部门要切实加强民办教育的统筹、规划和管理工作。积极探索营利性和非营利性民办学校分类管理。规范民办学校法人登记。完善民办学校法人治理结构。民办学校依法设立理事会或董事会，保障校长依法行使职权，逐步推进监事制度。积极发挥民办学校党组织的作用。完善民办高等学校督导专员制度。落实民办学校教职员工参与民主管理、民主监督的权利。依法明确民办学校变更、退出机制。切实落实民办学校法人财产权。依法建立民办学校财务、会计和资产管理制度。任何组织和个人不得侵占学校资产、抽逃资金或者挪用办学经费。建立民办学校办学风险防范机制和信息公开制度。扩大社会参与民办学校的管理与监督。加强对民办教育的评估。

第四部分　保障措施

第十七章　加强教师队伍建设

（五十一）建设高素质教师队伍。教育大计，教师为本。有好的教师，才有好的教育。提高教师地位，维护教师权益，改善教师待遇，使教师成为受人尊重的职业。严格教师资质，提升教师素质，努力造就一支师德高尚、业务精湛、结构合理、充满活力的高素质专业化教师队伍。

（五十二）加强师德建设。加强教师职业理想和职业道德教育，增强广大教师教书育人的责任感和使命感。教师要关爱学生，严谨笃学，淡泊名利，自尊自律，以人格魅力和学识魅力教育感染学生，做学生健康成长的指导者和引路人。将师德表现作为教师考核、聘任（聘用）和评价的首要内容。采取综合措施，建立长效机制，形成良好学术道德和学术风气，克服学术浮躁，查处学术不端行为。

（五十三）提高教师业务水平。完善培养培训体系，做好培养培训规划，优化队伍结构，提高教师专业水平和教学能力。通过研修培训、学术交流、项目资助等方式，培养教育教学骨干、"双师型"教师、学术带头人和校长，造就一批教学名师和学科领军人才。

以农村教师为重点，提高中小学教师队伍整体素质。创新农村教师补充机制，完善制度政策，吸引更多优秀人才从教。……完善教师培训制度，将教师培训经费列入政府预算，对教师实行每五年一周期的全员培训。加大民族地区双语教师培养培训力度。加强校长培训，重视辅导员和班主任培训。加强教师教育，构建以师范院校为主体、综合大学参与、开放灵活的教师教育体系。

（五十四）提高教师地位和待遇。不断改善教师的工作、学习和生活条件，吸引优秀人才长期从教、终身从教。依法保证教师平均工资水平不低于或者高于国家公务员的平均工资水平，并逐步提高。落实教师绩效工资。对长期在农村基层和艰苦边远地区工作的教师，在工资、职务（职称）等方面实行倾斜政策，完善津贴补贴标准。建设农村艰苦边远地区学校教师周转宿舍。研究制订优惠政策，改善教师工作和生活条件。关心教师身心健康。落实和完善教师医疗养老等社会保障政策。国家对在农村地区长期从教、贡献突出的教师给予奖励。

（五十五）健全教师管理制度。完善并严格实施教师准入制度，严把教师入口关。国家制订教师资格标准，提高教师任职学历标准和品行要求。建立教师资格证书定期登记制度。省级教育行政部门统一组织中小学教师资格考试和资格认定，县级教育行政部门按规定履行中小学教师的招聘录用、职务（职称）评聘、培养培训和考核等管理职能。

逐步实行城乡统一的中小学编制标准，对农村边远地区实行倾斜政策。制订幼儿园教师配备标准。建立统一的中小学教师职务（职称）系列，在中小学设置正高级教师职务（职称）。……加强学校岗位管理，创新聘用方式，规范用人行为，完善激励机制，激发教师积极性和创造性。建立健全义务教育学校教师和校长流动机制。城镇中小学教师在评聘高级职务（职称）时，原则上要有一年以上在农村学校或薄弱学校任教经历。加强教师管理，完善教师退出机制。制订校长任职资格标准，促进校长专业化，提高校长管理水平。推行校长职级制。

创造有利条件，鼓励教师和校长在实践中大胆探索，创新教育思想、教育模式和教育方法，形成教学特色和办学风格，造就一批教育家，倡导教育家办学。大力表彰和宣传模范教师的先进事迹。国家对作出突出贡献的教师和教育工作者设立荣誉称号。

第十八章　保障经费投入

（五十六）加大教育投入。教育投入是支撑国家长远发展的基础性、战略性投资，是教育事业的物质基础，是公共财政的重要职能。要健全以政府投入为主、多渠道筹集教育经费的体制，大幅度增加教育投入。

（五十七）完善投入机制。进一步明确各级政府提供公共教育服务职责，完善各级教育经费投入机制，保障学校办学经费的稳定来源和增长。各地根据国家办学条件基本标准和教育教学基本需要，制订并逐步提高区域内各级学校学生人均经费基本标准和学生人均财政拨款基本标准。

义务教育全面纳入财政保障范围，实行国务院和地方各级人民政府根据职责共同负担，省、自治区、直辖市人民政府负责统筹落实的投入体制。进一步完善中央财政和地方财政分项目、按比例分担的农村义务教育经费保障机制，提高保障水平。尽快化解农村义务教育学校债务。

健全国家资助政策体系。各地根据学前教育普及程度和发展情况，逐步对农村家庭经济困难和城镇低保家庭子女接受学前教育予以资助。提高农村义务教育家庭经济困难寄宿生生活补助标准，改善中小学生营养状况。建立普通高中家庭经济困难学生国家资助制度。

（五十八）加强经费管理。坚持依法理财，严格执行国家财政资金管理法律制度和财经纪律。建立科学化、精细化预算管理机制，科学编制预算，提高预算执行效率。设立高等教育拨款咨询委员会，增强经费分配的科学性。加强学校财务会计制度建设，完善经费使用内部稽核和内部控制制度。

完善学校收费管理办法，规范学校收费行为和收费资金使用管理。坚持勤俭办学，严禁铺张浪费，建设节约型学校。

第十九章　加快教育信息化进程

（五十九）加快教育信息基础设施建设。信息技术对教育发展具有革命性影响，必须予以高度重视。把教育信息化纳入国家信息化发展整体战略，超前部署教育信息网络。到 2020 年，基本建成覆盖城乡各级各类学校的教育信息化体系，促进教育内容、教学手段和方法现代化。充分利用优质资源和先进技术，创新运行机制和管理模式，整合现有资源，构建先进、高效、实用的数字化教育基础设施。加快终端设施普及，推进数字化校园建设，实现多种方式接入互联网。重点加强农村学校信息基础建设，缩小城乡数字化差距。加快中国教育和科研计算机网、中国教育卫星宽带传输网升级换代。制订教育信息化基本标准，促进信息系统互联互通。

（六十）加强优质教育资源开发与应用。加强网络教学资源体系建设。引进国际优质数字化教学资源。开发网络学习课程。建立数字图书馆和虚拟实验室。建立开放灵活的教育资源公共服务平台，促进优质教育资源普及共享。创新网络教学模式，开展高质量高水平远程学历教育。继续推进农村中小学远程教育，使农村和边远地区师生能够享受优质教育资源。

强化信息技术应用。提高教师应用信息技术水平，更新教学观念，改进教学方法，提高教学效果。鼓励学生利用信息手段主动学习、自主学习，增强运用信息技术分析解决问题能力。加快全民信息技术普及和应用。

（六十一）构建国家教育管理信息系统。制订学校基础信息管理要求，加快学校管理信息化进程，促进学校管理标准化、规范化。推进政府教育管理信息化，积累基础资料，掌握总体状况，加强动态监测，提高管理效率。整合各级各类教育管理资源，搭建国家教育管理公共服务平台，为宏观决策提供科学依据，为公众提供公共教育信息，不断提高教育管理现代化水平。

第二十章　推进依法治教

（六十二）完善教育法律法规。按照全面实施依法治国基本方略的要求，加快教育法制建设进程，完善中国特色社会主义教育法律法规。根据经济社会发展和教育改革的需要，修订教育法、职业教育法、高等教育法、学位条例、教师法、民办教育促进法，制订有关考试、学校、终身学习、学前教育、家庭教育等法律。加强教育行政法规建设。各地根据当地实际，制订促进本地区教育发展的地方性法规和规章。

（六十三）全面推进依法行政。各级政府要按照建设法治政府的要求，依法履行教育职责。探索教育行政执法体制机制改革，落实教育行政执法责任制，及时查处违反教育法律法规、侵害受教育者权益、扰乱教育秩序等行为，依法维护学校、学生、教师、校长和举办者的权益。完善教育信息公开制度，保障公众对教育的知情权、参与权和监督权。

（六十四）大力推进依法治校。学校要建立完善符合法律规定、体现自身特色的学校章程和制度，依法办学，从严治校，认真履行教育教学和管理职责。尊重教师权利，加强教师管理。保障学生的受教育权，对学生实施的奖励与处分要符合公平、公正原则。健全符合法治原则的教育救济制度。

开展普法教育。促进教职员工提高法律素质和公民意识，自觉知法守法，遵守公共生活秩序，做遵纪守法的楷模。

第二十一章　重大项目和改革试点

（六十六）组织实施重大项目。2010－2012 年，围绕教育改革发展战略目标，着眼于促进教育公平，提高教育质量，增强可持续发展能力，以加强关键领域和薄弱环节为重点，完善机制，组织实施一批重大项目。

义务教育学校标准化建设。完善城乡义务教育经费保障机制，科学规划、统筹安排、均衡配置、合理布局。实施中小学校舍安全工程，集中开展危房改造、抗震加固，实现城乡中小学校舍安全达标；改造小学和初中薄弱学校，尽快使义务教育学校师资、教学仪器设备、图书、体育场地基本达标；改扩建劳务输出大省和特殊困难地区农村学校寄宿设施，改善农村学生特别是留守儿童寄宿条件，基本满足需要。

义务教育教师队伍建设。继续实施农村义务教育学校教师特设岗位计划，吸引高校毕业生到农村从教；加强农村中小学薄弱学科教师队伍建设，重点培养和补充一批边远贫困地区和革命老区急需紧缺教师；对义务教育教师进行全员培训，组织校长研修培训；对专科学历以下小学教师进行学历提高教育，使全国小学教师学历逐步达到专科以上水平。

　　教育信息化建设。提高中小学每百名学生拥有计算机台数，为农村中小学班级配备多媒体远程教学设备；建设有效共享、覆盖各级各类教育的国家数字化教学资源库和公共服务平台；基本建成较完备的国家级和省级教育基础信息库以及教育质量、学生流动、资源配置和毕业生就业状况等监测分析系统。

　　（六十七）组织开展改革试点。成立国家教育体制改革领导小组，研究部署、指导实施教育体制改革工作。根据统筹规划、分步实施、试点先行、动态调整的原则，选择部分地区和学校开展重大改革试点。

　　推进素质教育改革试点。建立减轻中小学生课业负担的有效机制；加强基础教育课程教材建设；开展高中办学模式多样化试验，开发特色课程；探索弹性学制等培养方式；完善教育质量监测评估体系，定期发布测评结果等。

　　义务教育均衡发展改革试点。建立城乡一体化义务教育发展机制；实行县（区）域内教师、校长交流制度；实行优质普通高中和优质中等职业学校招生名额合理分配到区域内初中的办法；切实解决区域内义务教育阶段择校问题等。

　　考试招生制度改革试点。完善初中和高中学业水平考试和综合素质评价；探索实行高水平大学联考；探索高等职业学校自主考试或根据学业水平考试成绩注册入学；探索自主录取、推荐录取、定向录取、破格录取的具体方式；探索缩小高等学校入学机会区域差距的举措等。

　　深化办学体制改革试点。探索公办学校联合办学、中外合作办学、委托管理等改革试验；开展对营利性和非营利性民办学校分类管理试点；建立民办学校财务、会计和资产管理制度；探索独立学院管理和发展的有效方式等。